결국 잘되는 사람의 말버릇

KUCHIGUSE DE JINSEI WA KIMARU
Copyright © 2023 by Teru NAKASHIMA
All rights reserved.
First published in Japan in 2023 by Kizuna Publishing.
Korean translation rights arranged with PHP Institute, Inc.
through Duran Kim Agency.

이 책의 한국어판 저작권은 듀란킴에이전시를 통한
PHP와의 독점계약으로 앤에이북스에 있습니다.
저작권법에 의해 한국 내에서 보호를 받는 저작물이므로
무단 전재와 무단 복제를 금합니다.

나카시마 데루 지음 — 한주희 옮김

"결국 잘되는 사람의 말버릇"

마음의 면역력을 올려주는 언어 습관의 힘

앤에이북스

들어가며

당신이 알고 있는 자기긍정감
착각일 수도 있다!

최근 몇 년 새 '자기긍정감'이라는 단어를 사용하는 사람들이 늘고 있다. 너무 급속하게 유행에 편승한 탓일까. **자기긍정감에 관해 많은 사람들이 오해**하고 있을 뿐만 아니라 잘못 사용하고 있는 경우가 많다.

사람들은 흔히 자기긍정감이 높은 사람은 대부분 밝고 활발한 성격을 갖고 있다고 생각한다. 또 자기긍정감이 높으면 자기평가나 자신감이 높다고도 한다. 따라서 자기긍정감을 높이기 위해서는 인정욕구를 충족시켜 주거나 매사 긍정적으로 생각해야 한다고 주장하기도 한다.

그러나 위의 내용은 전부 잘못된 오해이다. 자기긍정감과 성격은 관계가 없으며, 자기평가나 자신감과도 다르다. 인정욕구가 충족된다고 높아지지도 않을뿐더러 초긍정적 사고를 필요로 하는 것도 아니다.

그렇다면 자기긍정감이란 도대체 무엇일까?

자기긍정감은
'마음의 면역력'이다

인간은 사회적 동물이다. 사회 속에서 살아가는 한 누구라도 필연적으로 마음에 상처를 입는다. 작은 생채기가 날 때도 있지만 큰 수술이 필요한 치명적인 상처를 입기도 한다. 그렇다고 상처를 받는 일이 한두 번에 끝나지도 않는다.

우리는 이런 상처에 대해 다음의 두 가지 방법으로 대처할 수 있다.

첫 번째는 **외부로부터의 공격을 막아 내는 것이다.**

튼튼한 갑옷을 입고 전쟁에 나갔다고 생각해보자. 설령

화살에 맞더라도 갑옷을 입고 있으면 큰 상처는 막을 수 있다. 이른바 '강철 멘털mental'을 가진 사람들이 이런 갑옷을 입고 있는 사람들에 해당하며, 자신감이 높은 사람들도 마찬가지이다.

그러나 상대가 날카로운 칼을 들이댄다거나 탄환이라면 어떨까? 몸에 관통하는 것을 피하기는 어려울 것이다. 갑옷이 도움이 되는 건 확실하지만 만능열쇠는 아니다. 이 점을 잊어서는 안된다.

두 번째 방법은 **상처를 받은 후에 빠르게 회복하는 것이다.**

화살을 맞아 상처를 입어도 시간이 지나면 점차 아물어 간다. 이렇게 몸이 치유되는 경험이 쌓일수록 상처를 입는 것에 대한 공포는 줄어든다. 화살이나 검, 탄환이라 하더라도 더 이상 두렵지 않게 된다. 자기긍정감이 높은 사람들이 바로 이런 부류에 속한다.

그렇다면 **최강의 갑옷을 찾아 나서는 것보다 자기회복력을 올리는 것이 우리를 더 강력하게 만들어 주지 않을**

까. 이런 말을 하면 '그런 게임에서나 나올 법한 회복력이 현실적으로 가능하겠어?'라며 의구심을 품을 수도 있다.

그러나 정말 그럴까? 어릴 때 넘어져 무릎이 까진 경험이 한번쯤은 있을 것이다. 일주일 정도 지나면 상처에 딱지가 앉고 자연스럽게 회복이 된다. 그리고 시간이 더 흐르면 상처가 있던 자리는 흔적도 없이 사라져 버린다. 감기에 걸렸을 때도 마찬가지이다. 굳이 병원에 가지 않아도 잘 먹고 휴식을 취하다 보면 어느새 몸은 자연스럽게 회복이 된다. 이는 인간의 몸에 있는 면역력 덕분이다. 혈액이나 림프액을 통해 흐르는 다양한 면역세포가 세균이나 바이러스의 공격으로부터 우리의 몸을 지켜 주고 건강한 상태로 회복시켜 주기 때문이다.

사람의 몸에는 상처를 자연 치유하는 시스템이 존재한다. 이것은 마치 화살을 맞은 자리의 상처가 아무는, 앞에서 말한 '게임에서나 나올 법한 회복력'과 닮았다. 게다가 면역력은 특별한 사람에게만 주어진 것이 아니다. 우리는 모두 면역력을 가지고 있으며 매일 습관을 통해 강화시킬 수 있다.

이는 '마음'에 적용해도 마찬가지이다. 즉, 사람의 마음에도 '면역력'이 있고, 마음이 상처를 입어도 자연 치유하는 능력이 있다. 마찬가지로 이건 누구에게나 주어진 능력이다. 이 **마음의 면역력이야말로 자기긍정감의 본질이다.**

마음에 생긴 상처에 딱지가 앉게 해 주는 힘.
마음이 감기에 걸렸을 때 바이러스를 내쫓는 힘.
마음에 침입한 다양한 바이러스와 싸워 다시 회복하는 힘.

이것이 바로 '자기긍정감'이다.

마음은 '말'로 만들어진다

그렇다면 마음의 면역력을 높이기 위해서는 어떻게 해야 할까? 마음의 면역력 관점에서 생각해보자.

미국의 영양학자 빅터 린드라Victor H. Lindlahr가 광고에 사용한 후 대중들에게 알려지기 시작한 'You are what you it.당신이 먹는 것이 바로 당신이다'이라는 문구가 있다. 이처럼 우리 몸에 가장 중요한 것은 '음식'이다. 인간의 몸은 무엇을 먹느냐에 따라 달라진다고 해도 과언이 아니다. 매일 먹는 식사에 포함된 단백질, 지방, 당, 비타민, 미네랄 등의 다양한 영양소가 우리의 몸을 형성하고 있으며, 면역력을 올리기 위해서는 이런 영양소가 충분히 포함된 균형 잡힌 식사가 중요하다.

그렇다면 마음은 무엇으로 만들어졌을까? 바로 '말'이다. 어린 시절 부모님이 자주 쓰던 말, 담임 선생님이 졸업식에서 해 주신 말, 학창 시절 여러 번 읽은 책에서 나온 말, 긴장했을 때 마음속에 떠오르는 '괜찮아' 같은 말, 매일 식탁에서 하는 '잘 먹겠습니다' 같은 말 등 **사람의 마음은 우리가 섭취한 '말'에 의해 만들어진다.**

우리 입을 통해 나온 말, 우리 귀를 통해 들어온 말, 우리 눈으로 읽은 글자, 마음에 떠오른 말, 머릿속에 떠오르는 말. 이러한 말 전부가 영양소가 되어 우리는 저마다의 감정과 생각, 가치관을 형성해 나간다. 즉, '마음'이 형성된다.

신체의 면역력을 높이기 위해서는 매일 식습관을 개선

하는 것이 중요하다. 바꿔 말하면, 매일의 식습관이 핵심이다. 마찬가지로 **마음의 면역력을 회복하기 위해서는 매일 섭취하는 식사, 즉 '말의 식습관'을 바꾸는 것이 중요하다.** 매일 아무 생각 없이 섭취한 '말'을 개선하면 반드시 우리의 자기긍정감을 회복할 수 있다.

말버릇을 바꾸는 것만으로
최고의 인생이 시작된다

그렇다면 '말의 식습관'이란 무엇일까? 이 질문이 이 책의 주제인 '말버릇'이다. 누구에게나 버릇처럼 나도 모르게 입으로 나오는 '그러게', '그런가?', '미안합니다', '큰일이야', '귀여워', '웃겨' 같은 말버릇이 있다.

'마음의 면역력'을 얻기 위해서는 이런 말버릇을 개선해야 한다. 매일 무의식중에 입을 통해 나오는 단어를 바꿔보자. 말버릇을 바꾸는 것만으로도 반드시 마음의 면역력은 올라간다. 즉, 진정한 자기긍정감을 손에 넣을 수 있다. 그만큼 말버릇이 가진 힘은 크다.

마음의 면역력을 올리면 상처에서 빠르게 회복할 수 있다. 즉 무슨 일이 있어도 좌절하지 않고 나답게 살 수 있으며, 어디에서도 자유롭고 즐겁게 살아가는 힘이 된다. 마음의 면역력이 높아지면 이런 인생을 살 수 있다.

이 책에는 '말버릇 바꾸기'라는 간단한 방법을 통해 진짜 자기긍정감을 손에 넣고 인생을 바꿀 수 있는 방법이 담겨 있다.

1장에서는 자기긍정감에 관한 근본적인 오해를 해명하고, 말버릇이 가진 힘에 대해 이야기한다.

2장에서는 구체적으로 말버릇을 어떻게 바꿔야 하는지를 소개한다.

3장에서는 자기긍정감의 토대를 이루는 '안정감'에 대해 이야기한다.

4장에서는 다시 한번 자기긍정감이 무엇인지 짚어 본다.

5장에서는 자기긍정감을 통해 주변 사람과의 관계를 바꾸는 이야기를 살펴본다.

필자는 지금까지 철학, 심리학, 카운슬링, 코칭, 자기계발, 명상, 아로마요법, 심리요법 등 다양한 각도로 자기긍정감의 정체를 연구해 왔다. 무엇보다 자기긍정감을 높이는 방법을 실천해 온 이 분야의 일인자라 자부한다.

말버릇을 바꾸면 마음의 면역력은 눈에 띄게 높아진다.

이제 진짜 자기긍정감을 높이는 방법을 찾아 떠나 보자.

차 례

들어가며 / 004

| Chapter 01 |

마음의 면역력을 회복하자

자기긍정감에 관한 세 가지 오해 / 022
  우리는 모두 원래 자기긍정왕이었다 / 024
  자기긍정감은 언제든 회복할 수 있다 / 028
  『죽음의 수용소에서』로 본 사람의 마음 / 030
인간의 뇌는 나이와 상관없이 변한다 / 033
  마음은 '말버릇'을 양분으로 자란다 / 035
  '언어'를 통해 발전해 온 인류 / 036
  언어를 통해 '개인'이 탄생한다 / 038
피할 수 없는 언어의 과잉 섭취 / 040

중요한 건 '사실'보다 '해석' / 043

언어로 하는 '해석'은 바뀔 수 있다 / 044

현실을 뛰어넘는 이미지의 힘 / 048

말이 이미지를 만든다 / 051

자기긍정감은 긍정적 관점으로 바꿔 주는 '힘' / 053

긍정적 관점은 성공을 위한 전제 조건 / 055

시점을 바꿀 수 있다면 자기긍정감이 있다는 증거 / 056

잠재의식은 '인칭'을 구별하지 않는다 / 057

| Chapter 02 |

말의 식습관을 바꾸자

말버릇을 바꾸는 것은 단순한 '단어 치환'이 아니다 / 064

자신의 '말버릇' 돌아보기 / 068

객관적 시각이 어려운 우리들 / 070

말버릇을 되돌아보는 다섯 가지 습관 / 072

'마음의 적신호' 말버릇 / 077

습관으로 만들고 싶은 네 가지 말버릇 / 086

습관으로 만들고 싶은 말버릇 ❶ / 086

습관으로 만들고 싶은 말버릇 ❷ / 089

습관으로 만들고 싶은 말버릇 ❸ / 093
   습관으로 만들고 싶은 말버릇 ❹ / 095
이상적인 나를 만드는 최강의 마인드셋 / 100
   예언은 현실이 된다 / 101
   착각은 성공의 원천 / 102
자기긍정감을 올려 주는 최고의 영양제 / 105
   말버릇으로 긍정적인 감정 끌어내기 / 106
   '감사합니다'의 힘으로 악순환 끊어 내기 / 107
좋은 말버릇을 '습관'으로 만들자 / 111
   뇌는 반복된 기억을 우선 기억한다 / 112
   반복해서 말하기 / 113
좋은 말버릇은 뇌를 바꾼다 / 116
   습관이 되기까지 걸리는 시간, 두 달 / 117
   부정적인 감정은 버려 버리자 / 119

| Chapter 03 |

'안정감'이란 혈류의 흐름을 만들자

긍정에 대한 절대적 믿음의 위험성 / 124
   긍정적 사고의 위험성 / 126

사람은 부정적인 감정을 우위에 둔다 / 128
부정을 인정하면 긍정이 확대된다 / 130

액셀과 브레이크를 적절히 사용하자 / 132
경제 성장기 '꿈을 꾸던 세대'에서
버블 붕괴 후 'N포 세대'로 / 133
상처에 민감한 초예민 사회 / 134

마음의 토양 '안정감' / 139
안정감과 심리적 안전감의 차이 / 141
안정감을 키워 주는 세 가지 요소 / 144

안정감을 키우는 두 가지 영양제 / 151
안정감이 가져오는 선순환 / 156

| Chapter 04 |

자기긍정감의 메커니즘

자기긍정감이란 무엇인가 / 162
자기긍정감을 구성하는 6요소 / 163
먼저 '자존감'을 정비하자 / 165

'자존감'을 올리는 스텝 / 169
자존감 체크 방법 / 169

자기긍정감의 기초가 되는 '자존감' / 170
'자기수용감'을 올리는 스텝 / 173
　　사소한 일에 일희일비하지 않기 / 173
　　나를 사랑하기 / 176
'자기효능감'을 올리는 스텝 / 179
　　'역경'에 맞서는 나 / 179
　　스몰 스텝으로 자기효능감 키우기 / 181
'자기신뢰감'을 올리는 스텝 / 185
　　스스로를 믿는 힘 / 185
　　더 좋은 말버릇을 스스로에게 물어보기 / 188
'자기결정감'을 올리는 스텝 / 191
　　스스로 결정하는 것이 중요한 이유 / 191
　　'자기결정감'이 의욕을 좌우한다 / 194
'자기유용감'을 올리는 스텝 / 198
　　누군가에게 도움이 되는 내가 되어 보기 / 198
　　업무에서도 효과를 발휘하는 '자기유용감' / 201
셀프 체크 포인트 / 204
　　부족한 점을 지나치게 신경 쓰지 않기 / 205
　　셀프 칭찬의 효과 / 206

| Chapter 05 |

마음의 면역력에는 파급 효과가 있다

혼자만 행복한 건 의미가 없다 / 212

   우리의 말버릇이 주변에 영향을 미치는 이유 / 214

   자기긍정감은 인상도 바꾼다 / 216

대화의 힘으로 자기긍정감에 부스터를 달자 / 219

   소크라테스가 '대화'의 중요성을 강조한 이유 / 220

   대화는 잠재의식을 정리해 준다 / 222

혼자의 힘만으로 조직을 바꿀 수 있다 / 225

   '퍼스트 펭귄'이 되어라 / 226

   긴장감을 내 편으로 만들자 / 228

좋은 말버릇은 인연을 불러온다 / 231

   '누구와 지내는가'가 인생을 결정한다 / 233

   나만의 '컴포트존' 재점검하기 / 234

높은 자기긍정감은 '좋은 리더'를 만든다 / 237

   좋은 리더의 조건 ❶ / 238

   좋은 리더의 조건 ❷ / 240

다른 사람을 칭찬하면 기회가 되어 돌아온다 / 243

   육아를 통해 칭찬 선수가 돼라 / 244

칭찬에 서툰 이유 / 246
자기긍정감을 높이는 최종 목표는 '자립' / 248
자립이란 무엇인가? / 249
자립은 독립과 다르다 / 252
자립과 자기긍정감은 깊은 관련이 있다 / 254

끝맺으며 / 256

P·O·I·N·T

- 자기긍정감은 선천적으로 형성되는 것이 아니다.
- 자기긍정감은 나이와 상관없이 높아질 수 있다.
- 우리는 원래 자기긍정감 왕이었다.
- 마음은 '말'을 양분으로 자란다.
- 말의 식습관(말버릇)을 바꾸면 자기긍정감도 회복된다.

Chapter 01

마음의 면역력을 회복하자

자기긍정감에 관한
세 가지 오해

 자기긍정감은 심리상담사에게 일생의 과업이라 할 수 있는 주제 중 하나이다. 이 단어가 많은 사람들에게 알려지고, 관심을 받는 것은 분명 반길 만한 일이지만, 한 가지 주의해야 할 점이 있다. 바로 우리가 자기긍정감을 오해하고 있을지도 모른다는 사실이다.

 "나는 자기긍정감이 낮아서 그래."
 "저 사람은 자기긍정감이 높으니까 그렇지."
 "어린 시절 부모님께 사랑받지 못해서 자기긍정감이 낮아요."

자기긍정감은 이미 많은 사람들이 알고 있듯 행복과 상관관계가 있다. 하지만 많은 사람들이 자기긍정감이란 단어를 '변명의 수단'으로 이용하고 있는 모습들이 자주 눈에 띈다.

필자가 생각하는 자기긍정감에 관한 오해는 크게 세 가지이다.

첫째, 자기긍정감은 선천적이거나 부모의 양육법에 의해 형성된다.

둘째, 자기긍정감은 평생 바뀌지 않는 절대 불변이다.

셋째, 나는 자기긍정감이 낮다.

위의 세 가지는 우리가 흔히 갖고 있는 자기긍정감에 대한 오해들이다.

자기긍정감은 선천적으로 타고났거나 부모의 양육법에 의해 결정되는 것이 아니다. 자기긍정감은 성인이 된 후에도 얼마든지 발달시키거나 높일 수 있다. 그리고 자기긍정감은 우리 모두가 갖고 있다. 물론 살면서 낮아지는 사람도 있겠지만 자기긍정감의 보관 상자는 우리 모두의 마음에 있으며 이 상자를 우리는 언제든 채워 넣을 수 있다.

그렇다면 어떻게 해야 자기긍정감을 높일 수 있을까? **바로 말버릇을 바꾸는 것이다. 말버릇을 바꾸면 자기긍정감이 높아지고, 결국 인생도 바뀌게 된다.** '고작 그걸로 인생이 바뀔 리가 있어?' 생각할 수 있겠지만 분명 사실이다.

이 장에서는 앞서 말한 자기긍정감에 관한 오해와 왜 말버릇이 중요한지에 대해 이야기해보자.

우리는 모두 원래
자기긍정왕이었다

이 세상에서 가장 자기긍정감이 높은 사람은 누구일까? 전 세계를 무대로 활약하는 A급 스포츠 스타? 외국계 컨설팅 회사에서 능력을 인정받은 비즈니스맨? 아니면 SNS에 매일 화려한 일상 피드를 올리는 인플루언서? 혹은 자신이 좋아하는 일로 창업해 눈코 뜰 새 없이 바쁜 사업가?

분명 이들은 모두 자기긍정감이 높은 사람일지 모른다.

그러나 '가장 높은 사람'은 아니다. **자기긍정감이 가장 높은 사람은 '아기'이기 때문이다.** 세상의 모든 아기는 자기긍정감의 왕이다.

대체 이게 무슨 말일까? 인간은 뇌^{두개골}와 산도의 크기 차이 때문에 처음부터 매우 미숙한 상태로 세상에 나온다. 따라서 생후 얼마간은 스스로 몸을 뒤집지도 못한다. 아기는 생후 6개월에서 8개월 전후쯤 엉금엉금 기다가 어느 날 주변 사물을 지탱해 겨우 몸을 가눈다. 그리고 한발 한발 걸음을 내딛기 시작한다. 물론 처음부터 잘 걷지는 못한다. 휘청거리다 넘어지고는 큰소리로 울어 재낀다.

개인차는 있겠지만 신생아가 두 발로 걷기까지 약 1년 혹은 그 이상이 걸린다고 한다. 즉, 스스로 몸을 일으켜 걷기까지 매일 넘어지고 쓰러지는 것이다.

매일이 실패의 연속이고, 하루하루가 고통의 연속이다. 만약 성인이라면 다 포기해 버리고 싶은 상황일 것이다. 설령 아무리 원하던 일이라도 매일 같이 실패만 반복한다면 누구든 좌절하고 중간에 포기할 것이다.

그러나 아기는 다르다. 아무리 넘어지고, 우는 일이 반복되어도 다시 두 발로 땅을 딛고 연습을 거듭한다. **아기는 '나는 걸을 수 있다'는 확신을 가지고 있다.**

또한 아기는 다양한 것에 흥미를 느끼고 주변에 손을 뻗어 뭐든 입으로 가져간다. 애초에 아기에게 주변은 한번도 경험하지 못한 미지의 세계이다. 만약 성인이 미지의 세계에 홀로 놓인다면 공포에 떨 것이다. 그 자리에서 한 발짝도 떼지 못하는 사람도 있을 것이다.

반면 아기에게 공포심이라곤 찾아볼 수 없다. 아무리 좌절을 맛보아도, 그 누가 아무리 혼을 낸다 해도 신체 중 가장 민감한 입으로 가져가 미지의 것을 '경험'하려고 한다. 이러한 행동이 바로 자기긍정감의 효력이다.

실패해도 상처받아도 툭툭 털고 일어날 수 있는 마음의 근력!

실패했다고 절망하지 않고, 잘 모르는 세계 앞에서도 기죽지 않고 몇 번이고 깨지고 도전한다. 아기는 그런 자기긍정감을 바탕으로 도전을 통해 본인이 할 수 있는 한계를 조금씩 확장해 나간다.

자, 어떤가? 이렇게 보면 아기만큼 자기긍정감이 높은

존재도 없다는 생각이 들지 않는가. 겉으로 화려한 삶을 사는 사람도, 돈과 명성을 손에 쥔 성공한 이도 실패는 두렵기 마련이다. 상처받기도 하고 실패의 쓴맛을 보고 좌절하기도 할 것이다.

그러나 아기는 무슨 일이 있어도 흔들리지 않는다. 변함없이 한발 한발 미지의 세계를 향해 손을 뻗는다. 이는 아기가 사람이 가질 수 있는 최대치의 높은 자기긍정감을 갖고 있다는 증거이기도 하다.

거듭 강조하지만, 이것은 모든 아기가 갖고 있는 특징이다. 지금은 아집 있고 부정적인 사람이라도 막 세상에 나왔을 때는 세상에서 제일의 자기긍정감 왕이었다. 몇 번이고 도전해 깨지면서도 다시 일어나 앞으로 나아갈 수 있었고, 왕성한 호기심으로 손에 잡히는 걸 죄다 입에 가져가 부모님을 난처하게 했을 것이다.

여기서 알 수 있는 건 무엇일까? **자기긍정감은 곧 '회복'이라는 것이다.** 가장 높은 수준의 것을 이미 갖고 있었기 때문에 원래 상태로 '회복'하는 것만으로도 충분하다.

그렇다면 아기처럼 최대치의 자기긍정감을 회복하려면 어떻게 해야 할까. 이 책을 통해 그 해답을 찾아보자.

자기긍정감은 언제든 회복할 수 있다

자기긍정감에 대한 가장 큰 착각은 '자기긍정감은 특별한 사람에게만 주어진 재능'이라는 것이다. 그리고 여기에 더해 **'자기긍정감은 유년기의 환경에 의해 결정된다'**는 것이다.

실제로 세미나에 참석해 "여러분 모두 어린 시절에는 최대치의 자기긍정감을 갖고 있었답니다."라고 아무리 말해도 의구심을 거두지 못하는 이들이 많다.

이런 유형의 사람들은 대체로 **"저는 어릴 적 부정적인 말만 쓰는 다정하지 않은 부모님 밑에서 자랐어요. 그래서 자기긍정감이 낮아졌죠. 이미 늦은 것 같아요."**라고 말하곤 한다. 자기긍정감은 유년기에 결정되는 것이라 더 이상 개선될 수 없다고 지레 포기하고 푸념을 한다.

물론 그런 기분도 충분히 이해가 된다. 나 또한 어린 시절 부모님을 대신해 키워 주었던 친척들이 야반도주했던 기억이 트라우마로 남아 줄곧 사람을 믿지 못했다. 서른다섯 살이 될 때까지 무려 10년 간 집안에 틀어박혀 밖에 나오지 않았던 적도 있다. 유년기의 경험이 지대한 영향을 준다는 걸 몸소 체험하였다.

프로이트 정신분석학에서 말하는 트라우마나 반두라가 주장한 대리강화 vicarious reinforcement 의 관점에서 보더라도 유년기의 환경 및 경험이 그 사람의 인격 형성에 지대한 영향을 준다는 사실은 분명하다.

타인의 행동이나 결과를 관찰하여 같은 행동을 하는 대리강화는 관계가 밀접한 부모 자식 관계에서 더욱 강하게 작용한다. 즉, 자식은 자연스럽게 '부모가 하는 행동'을 그대로 따라 하게 되는 것이다.

그러나 그럼에도 필자는 **'자기긍정감은 유년기에 결정된다'는 의견에는 분명히 반대한다. 이미 늦은 때란 없다. 자기긍정감은 누구나 언제든 회복할 수 있다.**

『죽음의 수용소에서』로 본
사람의 마음

제2차 세계대전 중 나치의 박해를 받던 유대인 출신의 정신과 의사 빅터 프랭클Viktor Frankl은 『죽음의 수용소에서』라는 불후의 명작을 남겼다. 프랭클은 서른일곱 살부터 약 3년 동안 유대인 강제 수용소에 갇혀 있었고, 그곳에서 벌어진 일들을 『죽음의 수용소에서』라는 책으로 펴냈다.

나치 강제 수용소는 우리가 상상도 하지 못할 만큼 비참한 환경이었다. 인간의 존엄성을 짓밟고, 목숨을 위협하는 행위가 하루에도 수십 번씩 몇 년에 걸쳐 이어졌다. 어떤 이들은 한번에 수백 명이 몰살당하는 가스실에 들어갔고, 어떤 이들은 과중한 노동과 굶주림, 고문, 인체 실험, 전염병으로 차례차례 목숨을 잃었다. 800만 명이 넘는 유대인들이 강제 수용소에서 목숨을 잃었다. 이런 지옥 같은 하루하루 속에서 '더 이상 못 버티겠어, 차라리 죽는 게 낫겠어'라며 자살하는 사람도 끊이지 않았다.

그러나 이런 환경 속에서도 생명을 이어간 사람들이 있

다. 프랭클도 그들 중 하나였다. 그는 미래에 대한 희망을 품고, 이를 의심하지 않았기에 생명을 이어갈 수 있었다.

프랭클은 만약 수용소에서 탈출하면 자신의 생생한 경험을 책으로 낼 것을 결심했다.

"이 책은 고통과 투쟁하는 사람들이 기다리는 책이 될 것이다."

그의 말을 빌리자면 **이는 '사명감'이었다.** 강한 사명감이 있었기 때문에 삶에 대한 희망의 끈을 놓지 않고 버틸 수 있었던 것이다.

『죽음의 수용소에서』에는 절망 속에서도 긍정적으로 젖먹던 힘을 다해 살아남은 사람들의 이야기가 담겨 있다. 굶어 죽을 만큼 극한의 상황이었지만 한 조각 남은 빵을 다른 사람을 위해 나눠 주며 용기를 북돋아 주는 사람이 있는가 하면, 다른 수용소로 이동하는 열차 안에서 바라본 저녁노을에 감동하고 삶의 의미를 찾는 사람도 있었다.

이러한 극명한 체험 기록을 통해 알 수 있는 건 **아무리**

비참한 상황이라도 자신의 마음가짐이나 세상을 어떻게 바라보느냐에 따라 삶에 대한 인식이 바뀐다는 것이다.

이는 현대를 살아가는 우리에게 시사하는 바가 크다. 설령 비참한 가정 환경에서 자랐다고 하더라고 어떤 마음을 갖느냐에 따라 인생은 전혀 다른 방향으로 나아간다. 유년기의 가정 환경 하나로 평생의 자기긍정감이 결정되는 법은 없다. 강제 수용소에 수용되어 처참한 나날을 보낸다고 하더라도 다시 삶에 대한 희망을 발견하고 현명하게 자신에게 주어진 삶을 살아 낸 사람들이 있었던 것처럼 말이다.

거듭 말하지만 **자기긍정감은 누구나 언제든 회복할 수 있다. 이 사실만큼은 잊지 않았으면 한다.**

인간의 뇌는
나이와 상관없이 변한다

우리는 모두 자기긍정감 세계 챔피언이었다. 그리고 이 자기긍정감은 어떤 환경에서 나고 자랐든 상관없이 회복할 수 있다. 이와 관련해 뇌 과학 관점에서 살펴보자.

인간의 뇌는 1,000억 개 이상의 방대한 신경세포가 네트워크를 조직하고 있다. 뇌의 신경세포는 한번 기능을 잃으면 두 번 다시 회복되지 않는다. 그런 이유로 스무 살 전후가 두뇌 활동이 가장 활발하며, 그 이후 뇌는 점점 퇴화하기 시작한다는 것이 정설이었다.

그러나 뇌 과학 연구가 발전하면서 놀랄 만한 사실이 밝혀졌다. 분명 **기능을 잃은 신경세포 자체는 재생할 수 없지만, 남아 있는 신경세포는 습관이나 훈련을 통해 '재배열'을 하며 새로운 네트워크를 구축한다는 것이다.** 이를 뇌 과학에서는 '신경 가소성'이라 한다.

뇌경색이나 뇌출혈 등으로 뇌의 기능이 일부 손상된 환자가 재활을 통해 기능을 회복하는 것이 바로 신경 가소성의 고유 능력이다.

또한 두 번 다시 증가할 수 없다고 알려진 신경세포의 일부가 성인이 된 이후에도 증가한다는 사실이 새롭게 밝혀졌다. 뇌의 일부분으로 인간의 기억을 관장하는 해마는 다양한 생활 습관 및 식습관의 개선으로 재생된다.

종종 우리는 "어릴 때는 뇌가 유연해 금방 자신의 습관 등을 바꿀 수 있지만, 어른이 되면 뇌가 굳어서 습관을 바꾸기 힘들다."라는 말을 듣곤 한다. 이는 뇌 과학적 관점에서 보면 크나큰 착각이다. **뇌의 신경세포는 언제라도 새롭게 연결되고**네트워크**, 새롭게 조직되어 계속 변한다.** 만약 뇌의 기능을 저해하는 요인이 있다면 그건 우리의 마음가짐

뿐이다.

그렇다면 우리의 무엇이 뇌의 기능을 방해해 자기긍정감을 떨어트리거나 억누르는 것일까? 첫 번째로 지적하고 싶은 건 **'말버릇'**이다.

마음은 '말버릇'을
양분으로 자란다

우리는 왜 '말버릇'에 주목해야 할까?

자기긍정감은 마음의 상태와 관련 있다. 조금 더 쉽게 이야기하면 마음의 건강과 관련된 문제라 봐도 좋다. 앞에서 이야기했다시피 자기긍정감이 높다는 건 '마음의 면역력이 높은 것'과 같다.

이처럼 마음을 일종의 생물처럼 바라볼 경우 하나의 의문이 생긴다. 그것은 바로 '마음은 무엇을 양분으로 자라는가?'이다. 마음이 생물이라면 휴식이 필요하고, 양분이 필요하다. 이중에서 휴식은 쉽게 이해할 수 있다. 그러나 위나 대장과 같은 장기臟器가 없는 마음이 '무엇을 먹고 자라는가' 하는 질문은 의아할 수 있다.

그러나 **사람의 마음은 '말'을 먹고 자란다고 단언할 수 있다. 그렇기에 '말버릇'을 바꾸면 마음의 식습관을 바꾸는 것과 같다.**

이에 대해 자세히 살펴보자.

'언어'를 통해
발전해 온 인류

인간은 지구상에 존재하는 유일한 지적 생명체로 다음과 같은 세 가지 특징을 가지고 있다.

첫째, 언어를 가지고 있다.

문자 언어를 가진 인류는 전 세계의 불과 몇 퍼센트에 불과하다. 지구상에 문자를 갖지 못한 민족이 많지만 **음성 언어를 갖지 못한 민족은 하나도 없다.** 아마존의 오지, 하나의 촌락으로만 이루어진 곳에도 현지어가 있고, 그들의 모국어가 존재한다. 인류는 아무리 소수민족이라 하더라도 모든 이가 음성 언어를 사용하여 의사소통하며 살아간다.

둘째, **시간의 개념을 가지고 있다.**

인간은 과거, 현재, 미래 그리고 연, 월, 시간, 초 등을 구분하여 생각한다. 시간 개념 덕분에 세상만사의 순서를 인식하는 것은 물론, 인과 관계를 발견하거나 미래를 생각할 수 있게 되었다. 그러나 동물에게는 오직 '현재'만이 존재한다. 과거를 돌아보며 후회하거나, 미래를 생각하며 행동하지 않는다. 일부 동물에게서 관찰되는 겨울을 대비해 미리 식량을 몸속에 저장하는 행동은 본능이지 미래를 대비한 행동과는 다르다. 이런 시간의 개념이 있기에 인간의 문화 및 문명은 진보해 왔다고 할 수 있다.

셋째, **창의력이 있다.**

눈앞에 물이 든 컵이 있다고 해보자. 개나 고양이 등의 동물은 컵에 든 물을 보면 핥거나 컵을 넘어뜨려 물을 흘릴 것이다.

그러나 인간은 '이 물에 다른 음료를 섞어 보면 어떨까?' 같은 전혀 새로운 관점으로 생각할 수 있다. 이것이 바로 창의력이며 인간만이 가진 고유한 특징이기도 하다. 창의력을 통해 인간은 고유성을 만들어 낼 수 있고, 새로운 혁신을 일으킬 수 있다. 이러한 힘이 인류를 발전시켜 온 원동력임은 두말할 필요도 없다.

그리고 여기서 중요한 것은 **시간의 개념도, 창의력도 결국 인간이 가진 언어로 인해 힘을 발휘할 수 있다는 점이다.** 언어가 없다면 과거, 현재, 미래와 같은 시간의 흐름을 이해할 수 없고, 아이디어가 떠올라도 이를 전달하거나 구체화할 수 없다.

언어는 인간에게 있어 무엇보다 중요한 수단이다. **'모든 것은 언어로부터 시작된다'**는 말은 결코 과장이 아니다.

언어를 통해
'개인'이 탄생한다

우리는 모두 태어난 순간부터 언어를 매개로 세상을 접한다. 부모님이 하는 말, TV에서 흘러나오는 소리, 길에서 들리는 소음 등을 듣고 기억하며 생각과 감정을 다른 사람에게 전달할 수 있는 수단을 손에 넣는다. 그리고 언어를 통해 생각하고 자신의 감정을 인식하며 한 명의 인간으로 성장해 간다. 바꿔 말하면, **언어 없이 우리는 지금의 우리가 될 수 없었다.** 따라서 우리의 마음을 형성하는 것은 '언어'라 할 수 있다.

일란성 쌍둥이는 동일한 DNA를 갖고 태어나 성장하는 환경이나 식습관도 거의 동일하다. 그러나 성인이 될수록 두 사람의 성격에 차이가 발생한다. 그건 **섭취한 '언어'가 다르기 때문이다.** 주위 사람들의 말, 자신이 한 말, 읽었던 문자의 차이가 두 사람이 전혀 다른 개인으로 자라게 한 것이다. 즉, 유전자나 환경보다 언어가 우리의 마음 형성에 지대한 영향을 주는 것이다.

그렇다면 나는 지금까지 어떤 언어를 섭취해 왔고, 지금의 나는 어떤 언어를 섭취 중인지 생각해볼 필요가 있다.

피할 수 없는
언어의 과잉 섭취

 언어의 식습관에 관한 한 가지 재미있는 데이터가 있다.

 미국 애리조나 주립대학교와 텍사스대학교 합동연구팀은 미국과 멕시코의 대학생 약 400명을 대상으로 사람이 하루에 얼마만큼의 단어를 발화하는가에 관한 조사를 실실했다. 이 조사에 참여한 학생들은 주변 소리를 녹음하는 보이스 레코더를 며칠 동안 소지하고 지내도록 하였다.

 조사 결과 **남녀 통틀어 평균 약 1만 6,000단어를 소리내는 것으로 나타났다. 이는 한 달에 약 50만 단어, 1년으로 하면 약 600만 단어에 해당하는 양이다.** 사람에 따라

과묵하거나 수다스러운 개인차는 있겠지만 우리가 일상생활에서 매우 많은 단어를 발화하고 있다는 건 의심의 여지가 없는 사실이다.

추가로 다음과 같은 데이터도 있다.

우리는 소리를 내지 않고도 '내가 열쇠를 잠갔었나?', '저녁에 뭐 먹지?', '빨리 초록 신호로 바뀌어라'처럼 머릿속으로 다양한 말들을 떠올린다. 누군가와 이야기를 나눌 때도 '방금 말실수 한 거 아닐까?', '이런, 완전히 잊어버리고 있었네' 등 목소리를 내는 것과 별개로 수많은 단어들이 머릿속을 떠다니곤 한다.

이러한 '내면의 혼잣말'은 우리가 1분 동안 4,000단어를 발화하는 속도만큼이나 빠르다고 한다. 이는 미국 대통령의 40분 연설을 1분으로 압축한 정도의 속도이다_{미국 대통령의 일반 연설은 통상 1시간에 약 6,000단어를 발화한다}.

우리 머릿속은 이처럼 상상 이상으로 빠르게 단어가 떠다니고 있다. 그리고 우리 일상생활 속에 흘러넘치는 단어들은 자신이 내는 소리나 내면의 혼잣말만 있는 것이 아니다. 타인과 나눈 대화, 옆자리에 앉은 사람들이 나누는 대화 속 단어도 귀에 들어온다. 또 SNS나 책에서 읽은 단어문자, TV, 인터넷 영상, 지하철 안내 방송 등도 있다.

우리는 주변의 단어에 무방비로 노출되어 있으며 이를 양분으로 섭취하고 있다. 이렇게 생각하면 실제로 일상생활에서 섭취하는 단어의 양은 우리가 입으로 뱉는 하루 1만 6,000단어의 수십에서 수백 배 이상일 수도 있다.

"그렇게 많은 단어가 머리에 들어올 리 없잖아?"라고 반론을 제기하는 사람도 있을 것이다. 이 단어들 대부분은 우리 머릿속에 무의식적으로 들어오고, 뇌도 모든 단어를 기억할 수 없기 때문이다. 그러나 이러한 단어 하나하나가 우리 마음을 형성하는 한 축을 담당한다는 것은 틀림없는 사실이다.

그렇기 때문에 의식할 수 있는 범위 내에서 어떤 단어가 얼마나 들어오는지 명확하게 식별하는 작업이 중요하다.

스스로 제어할 수 있는 건 내 입에서 나온 말뿐이다. 따라서 자신의 '말버릇'을 의식하는 것이 필요하다.

중요한 건
'사실'보다 '해석'

대부분의 사람들은 사회적인 현상, 과거에 들은 말, 자신의 감정 등을 '사실'이라 받아들이고, 절대 변하지도, 변할 수도 없는 것이라고 생각한다.

"사실은 없다. 오로지 해석만 있을 뿐이다."

철학자 니체가 남긴 말이다. 모든 것은 단순한 '해석'에 지나지 않는다는 말을 니체는 하고 싶었을 것이다. 이 세상에 '사실'은 없고, 자기 눈을 통한 '해석'이 있을 뿐이라고.

여러분의 눈앞에 빨간색의 사과가 있다고 상상해보자. 그런데 내가 생각한 '빨강'과 다른 사람들이 생각한 '빨강'이 같다고 할 수 있을까? 이는 '주객일치'라는 철학상의 대문제로 지금도 이에 관한 명확한 해답을 제시한 철학자는 등장하지 않고 있다.

우리는 모두 주관적인 '해석'의 세계에 살고 있다. 즉, **우**

리가 어떻게 해석하느냐에 따라 우리 눈앞에 펼쳐진 세계는 변화할 수 있다는 의미이다.

언어로 하는 '해석'은
바뀔 수 있다

필자는 집필할 때마다 '마감'이라는 것과 조우한다. 편집자와 클라이언트가 요구하는 원고의 마감 기한 엄수는 계약의 중요한 사항으로 이를 어겨서는 안된다. 그럼에도 때때로 촉박한 일정의 원고 의뢰를 받았다가 마감을 지키지 못할 때면 '난 역시 구제 불능이야'라며 자책감에 사로잡히기도 했다.

어느 날 동료에게 이런 사정을 말한 적이 있다. 그러자 그는 "나는 그렇게 스트레스받는 게 싫어서 '마감'을 '약속'이라고 생각하기로 했어. 그러면 신기하게도 마음이 좀 편해지더라고."라는 이야기를 들려주었다.

동료의 말대로 나도 '약속'이라고 생각하기로 했다. 그 이후 어떻게 되었을까? 마감이라고 생각했을 때는 계약

명령의 인식이 강했는데, 약속이라고 생각하자 약속의 주체가 '나'라는 인식이 강하게 자리 잡으면서 거부감이 사라졌다. '약속은 지켜야지' 자연스럽게 생각하게 되었으며, 혹시 기한을 넘길 것 같으면 '약속이니까 다시 일정을 조율하면 되잖아'라고 생각할 만큼 심적 여유가 생겼다.

지금은 어쩔 수 없이 마감을 어겨야 할 때는 미리 연락을 취해 일정 조율을 제안한다. 그렇게 하니 자신을 자책하는 마음이 사라지고, 다음 약속은 반드시 지키겠다는 긍정적인 마음으로 원고에 집중할 수 있었다.

이것이 바로 '해석'의 힘이다. 업무 기한을 '마감'이라고 해석하느냐, '약속'이라 해석하느냐 그 차이로 인해 업무에 대한 마음가짐이나 일에 대한 압박의 정도가 180도 달라진다. 그리고 해석의 주체는 '나'라는 것을 강하게 실감하게 되었다.

심리학에서는 이처럼 사물을 새로운 각도로 바라보는 것을 '리프레이밍reframing'이라고 한다.

대표적인 예가 그 유명한 '컵에 물이 반쯤 남아 있는 것'

에 대한 이야기이다. 즉 컵에 든 절반의 물을 '반밖에 안 남았네'라고 받아들일지, '아직도 반이나 남았네'라고 받아들일지는 그야말로 받아들이는 사람의 '해석'에 따라 달라진다.

'단지 말만 바뀐 거 아니야?'라고 생각할 수도 있다. 그렇다. '마감'에서 '약속'으로, '반밖에 없잖아'에서 '반이나 남았네'라는 것만으로도 충분하다. **말을 바꾸기만 해도 된다.**

해석을 바꾼다니 정말 간단해 보이지 않는가? 우리는 우리가 사용하는 단어로 사물에 대해 해석한다. 따라서 말을 바꾸기만 해도 해석을 바꿀 수 있다.

예를 들어, '망했다'를 '이번 일을 계기로 깨달았다' 혹은 '인생 공부했다'라고 해석을 바꿀 수 있다. '잘할 수 없을 것 같아'를 '아직 경험이 없어서 그런 거야'로 바꿀 수 있으며, '어려워'를 '이 정도까지만 해보자'로 해석을 바꿀 수 있다. '나 때문에 화난 거 아닐까?'도 '아마 지금은 좀 피곤해서 그런 걸 거야'로 해석을 바꿀 수도 있다.

사람은 여러 현상을 '사실'이라 착각한다. 그래서 '이제는 바꿀 수 없다'며 비관하거나 '아무리 노력해도 바뀌는 건 없다'며 지레 포기해 버리는 실수를 저지른다.

그러나 이는 모두 우리의 '해석'에 불과하다. 여러분이 자주 사용하는 '말'에 따라 결정되는 스토리, 즉 생각일 뿐이다. 다시 말하면 우리 자신이 만든 생각이므로 언제라도 내용을 바꿀 수 있다. 말을 바꿔 언제라도 현상에 대한 해석을 바꿀 수 있다는 것이다. 참고로 **과거도, 지금 당장 눈앞에 펼쳐진 세상도, 앞으로 다가올 인생도 우리가 하는 '말'로 바꿀 수 있다.**

현실을 뛰어넘는
이미지의 힘

우리의 뇌는 꽤 흥미로운 특징을 가지고 있다.

단면이 동그랗게 잘린 레몬이 눈앞에 있다고 상상해보자. 선명한 노란색의 싱싱한 이 레몬을 한입 베어 문다는 생각만으로도 점점 입에 침이 고이는 것을 느낄 것이다.

인간의 뇌는 이미지와 현실을 무 자르듯 명확히 구별해내지 못한다. 그 때문에 신 레몬을 떠올리는 것만으로도 뇌에서 실제로 다량의 타액을 분비할 수 있다.

눈앞에 여러분이 좋아하는 카레가 있다. 매콤하고 먹음직스러운 향이 난다. 그런데 입맛 당기는 향에 반해 어쩐지 카레의 색은 파란색이다. 수저를 들 마음이 드는가?

우리가 평상시 먹던 갈색이었다면 "맛있겠다!"라며 달려들겠지만, 파란색 카레라면 "윽, 맛없을 것 같아."라며 선뜻 먹는 데 주저할 것이다.

조금 극단적인 예이지만, 이는 이미지_{겉모습}가 바뀌면 성질_{여기서는 호불호}까지 바꿔 버릴 수 있음을 시사한다.

여기서 필자가 하고 싶은 말은 한 가지이다. **이미지에는 현실을 뛰어넘는 힘을 가지고 있다.** 그것도 압도적으로 강한 힘을 갖고 있다.

이를 뒷받침하는 연구 결과가 있다. 호주의 심리학자 알란 리처드슨_{Alan Richardson}은 농구선수를 대상으로 한 실험을 실시했다. 먼저, 선수들의 자유투 실력을 측정한 후 실험에 참여한 선수들을 무작위로 세 그룹으로 나눠 각각의 그룹에 다음과 같은 사항을 지시했다.

[A그룹] 하루 20분간 자유투 연습을 한다.
[B그룹] 자유투 연습을 하지 않는다.
[C그룹] 하루 20분 동안 자유투하는 이미지 트레이닝을

한다(손의 움직임과 슛을 하는 각도까지 완벽하게 자유투를 성공시키는 순간을 선명하게 이미지 트레이닝하는 연습).

그리고 20일 후 다시 자유투 실력을 측정하자 다음과 같은 결과를 얻었다.

[A그룹] 자유투 실력 24% 상승
[B그룹] 자유투 실력에 변화 없음
[C그룹] 자유투 실력 23% 상승

놀랄 만한 결과이다. 실제로 자유투 연습을 실시한 A그룹과 이미지 트레이닝만 한 C그룹이 거의 비슷할 정도로 실력이 상승했다는 결과가 나온 것이다.

C그룹 선수들은 반복해서 성공하는 장면을 상상하기만 했다. 그것만으로도 몸을 움직여 연습한 것과 비슷한 효과를 얻을 수 있었다. 얼마나 이미지 트레이닝의 힘이 강력한지 알 수 있는 사례이다.

그리고 이런 일도 있다.

새끼 때부터 서커스 단원으로 쇠사슬에 묶여 자란 코끼리가 있다. 성체가 되어 쇠사슬을 끊을 수 있을 정도의 힘을 갖게 되었지만 코끼리는 쇠사슬을 끊으려는 의지를 보이지 않는다고 한다. 왜냐하면 새끼 때 이미 '쇠사슬은 끊을 수 없는 것', '어떻게 해도 도망갈 수 없는 것'이란 이미지가 심어졌기 때문이다. 이를 '학습된 무기력'이라고 한다.

이는 끊어 낼 수 있는 힘이 있다는 '현실'보다 쇠사슬은 끊을 수 없는 것이란 '이미지'가 더 강력하게 작용함을 보여 주는 예이다.

이미지에는 현실을 뛰어넘는 힘이 있다. 그렇기에 스스로에게 어떤 이미지를 부여하는가, 미래에 대해 어떤 비전을 그리는가가 정말 중요하다.

말이 이미지를 만든다

이미지를 강화하는 것도 '말'의 힘과 관련 있다. 예를 들어, "흐르는 강의 이미지를 떠올려 보라."라는 말을 듣는 것보다 "맑고 푸른 물이 유유히 흐르는 폭이 백 미터쯤 되는 큰 강이 눈앞에 펼쳐져 있는 모습을 상상해보자."라는 말을 듣는 편이 머릿속에 훨씬 선명한 이미지가 그려진다.

앞서 말한 자유투 이미지 트레이닝도 마찬가지이다. 그저 '자유투를 넣는' 이미지를 떠올리는 것보다 '어떤 경기장에서 어떤 팀과 경기 중인 모습. 일단 공을 두 번 튀기고 무릎은 이 정도 굽혀서…'처럼 매번 자세하게 이미지를 떠올리는 편이 훨씬 강력한 효과를 발휘한다.

굳이 말하면 이미지란 뿌연 파스텔 색의 그림이다. 이것만으로는 무엇이 그려져 있는지 알기 어렵고, 다른 사람과 생각을 공유하기도 힘들다. **그러나 여기에 '말'을 첨가하면 윤곽선이 선명히 그어진다. 말에 따라 이미지가 선명해지고, 해상도가 올라간다. 따라서 의식에 강하게 각인되고 더욱 선명하게 기억에 남는다.**

그러므로 목표를 세울 때 단순히 '등산하기'처럼 흐릿한 이미지를 떠올리는 것보다 '내년 7월에 설악산 등반하기'처럼 구체적으로 언어화하여 이미지를 각인시키는 방법을 강력 추천한다. **왜냐하면 구체적인 언어와 접목된 목표는**

현실을 향해 움직이기 때문이다. 목표가 구체적일수록 지금 무엇을 해야 하는지, 앞으로 어떤 것을 준비해야 하는지 명확히 알게 된다. 무의식중에 필요한 정보를 수집하기 시작하고, 자연스럽게 필요한 행동을 하게 된다.

이루고 싶은 목표가 있다면 이미지의 힘을 효과적으로 이용해야 한다. 목표는 강하게 이미지화한다. 그것도 '말'을 사용해 가능한 한 선명하게 말이다.

자기긍정감은 긍정적 관점으로
바꿔 주는 '힘'

앞에서 '중요한 건 사실보다 해석이다', '현실보다 이미지의 힘이 강력하다'는 이야기를 나누었다.

사실 이 두 가지 이야기에는 공통점이 있다. 그건 바로 **'모든 일에는 긍정적인 면과 부정적인 면 모두가 존재한다'는 것과 '어떻게 바라볼 것인지를 선택하는 건 자신'이라는 것이다.**

'물이 반밖에 안 남았다'라고 부정적인 해석을 할 수도 있지만, '물이 반이나 남았다'고 긍정적으로 해석할 수도 있다. '쇠사슬은 끊을 수 없다'는 부정적인 이미지를 떠올릴 수도 있지만, '자유투를 성공시킨다'는 긍정적인 이미지를 떠올릴 수도 있다. 어떤 쪽을 선택할지, 어떤 이미지를 상상할지는 전부 우리 자신에게 달려 있다.

또 '말에 따라 바뀐다'는 공통점도 있다. 해석은 말에 따라 바뀌고, 이미지는 말에 따라 강화되기도 한다. 즉 말을 내 편으로 만들면 긍정적으로 해석하고, 긍정적인 이미지를 상상하고, 긍정적인 면을 볼 수 있다는 것이다.

긍정적 관점은
성공을 위한 전제 조건

 육상계의 황제 칼 루이스Carl Lewis는 1984년 로스앤젤레스 올림픽 100미터 결승전에서 9초 99의 기록으로 금메달을 목에 걸었다.

 그때까지만 해도 100미터 달리기에서 10초대를 끊은 선수는 몇 명뿐이었고, 좀처럼 넘어서기 어려운 기록처럼 보였다. 그러나 실제로 칼 루이스가 '10초의 벽'을 넘어선 후 몇 년간 9초대의 기록을 낸 선수가 속출했다.

 어떻게 된 일일까? 불과 몇 년 만에 인간의 신체 능력이 비약적으로 발달한 것도 아닐 텐데 말이다.

그 이유는 어느 누군가 달성한 기록이 주변 사람들에게 '9초대로 달릴 수 있구나', '나도 할 수 있어'라는 긍정적인 이미지를 심어 주었기 때문이다. 이런 의식의 작용은 다른 사람들에게도 9초대 진입이 당연한 것처럼 인식하게 만드는 효과가 있다.

결국 긍정적인 결과9초대 진입를 내기 위한 전제 조건은 긍정적인 관점이라는 것이다. '9초대는 아무도 달성할 수 없어'라는 부정적인 관점으로 바라보면 성공할 수 없다. '나라고 못할 게 뭐 있어'라고 긍정적인 관점으로 바라볼 수 있을 때 우리 앞을 가로막고 있던 벽을 뛰어넘을 수 있다.

살짝 과장해서 말하면 긍정적 관점은 '행복을 택하는 길'과 같은 의미라 할 수 있다. 긍정적 관점이 인생을 결정한다는 말은 결코 과언이 아니다.

시점을 바꿀 수 있다면
자기긍정감이 있다는 증거

긍정적인 측면을 바라보는 힘은 자기긍정감과도 관련

있다. 자기긍정감이 낮을 때에는 부정적인 측면만 부각되어 보인다. '어차피 9초대에 들어오는 건 무리야'라며 부정적으로 받아들인다. 실패의 이미지만 상상하기 때문에 상처받기 두려워 도전 자체를 포기한다.

반대로 자기긍정감이 높으면 대상을 긍정적인 관점으로 바라보게 된다. 긍정적으로 '나라면 저 벽을 뛰어넘을 수 있어'라고 해석하고, 성공하는 이미지를 떠올리며 도전을 멈추지 않는다. 좀처럼 결과가 나오지 않더라도 바로 생각을 바꿔 몇 번이고 도전하려고 노력한다.

어떤 일을 부정적 관점이 아닌 긍정적 관점으로 받아들이는 원천이 바로 '자기긍정감'이다. **자기긍정감이 없으면 관점을 바꾸기 힘들다. 자기긍정감은 긍정적인 면을 발견하기 위한 '변환하는 힘'이라고도 할 수 있다.**

잠재의식은 '인칭'을 구별하지 않는다

우리 안에 잠들어 있는 **'잠재의식'**에 관해 이야기해보자.

잠재의식에 관한 연구는 오스트리아의 정신분석학자 지크문트 프로이트 Sigmund Freud가 '무의식'의 존재를 주장하면서부터 시작되었다. 그리고 무의식은 프로이트의 제자 카를 구스타프 융 Carl Gustave Jung에 의해 더욱 깊게 연구되었다.

융은 의식에 관해 "현재 의식은 바다 위에 얼굴을 내밀고 있는 극히 일부분에 지나지 않는다."라고 했다.

현재 의식이란 우리가 평상시에 '의식'이라 인식하는 부분이다. 이와 반대로 잠재의식은 표면으로 드러나지 않은 부분을 말한다. 의식 아래 잠들어 있는 무의식의 부분이라 상상하면 좋을 것이다.

잠들어 있다고 하지만 여러분도 잠재의식의 힘을 느껴 본 적이 있을 것이다. 가령 해야 하는 걸 알면서도 몸이 좀처럼 움직이지 않는다거나, 긴장을 한 것도 아닌데 제멋대로 손이 떨린다든지 하는 것처럼 말이다. 이것이 바로 잠재의식의 작용으로 일어나는 현상이다.

현재 의식과 잠재의식이 차지하는 비율에 관해서는 여러 설이 있지만 일반적으로 현재 의식이 4%, 잠재의식이 96%라고 알려졌다. 즉, **우리가 평소에 의식하는 건 불과**

4%밖에 되지 않는다. 잠재의식이 우리 의식에서 얼마나 큰 부분을 차지하고 있는지 이 수치만 봐도 알 수 있다.

잠재의식은 '**인칭을 구별하지 않는다**'는 매우 중요한 특징이 있다. 여기서 인칭을 구별하지 않는다는 건 동작의 주체가 화자인지, 청자인지, 제3자인지를 구별하지 않는다는 말이다. 즉 주어가 누구든지 잠재의식은 같은 의미의 언어로 받아들인다.

만약 여러분이 누군가로부터 "멍청하군요!"라는 말을 들었다고 해보자. 분명 여러분은 그 말에 상처받을 것이며, 자신감을 잃을 수도 있다.

이번에는 누군가를 향해 여러분이 "바보 아니야?"라고 말했다고 해보자. 그런데 잠재의식 속에서는 자신이 '멍청이'란 말을 들었을 때와 동일한 효과를 발휘한다. 여러분의 잠재의식은 자기 말에 상처받고, 자신감을 잃게 되는 것이다. **잠재의식에서는 내가 말한 '바보'도 내가 들은 '멍청이'와 동일한 효과를 낸다.**

모든 인칭을 구별하지 않는다는 것은 자신이 들은 말이

나 자신의 귀로 그저 들어온 말이라도 마찬가지이다. 따라서 주변에 폭언만 난무하는 가정 환경에서 자랐다면 의기소침한 성격이 되거나 자신이나 주변 사람을 믿지 못하는 사람으로 자랄 수도 있다. 반대로 밝고 예의 바른 말을 쓰는 가정 환경이라면 자신감 있는 밝은 성격의 아이로 자랄 확률이 높다.

이 잠재의식의 특징을 이용하면 반대로 자기 스스로에게 긍정적인 영향을 미치게 만들 수 있다. 즉 여러분 스스로가 '자신을 행복으로 이끄는 행복 전도사'가 될 수 있다.

예를 들어 "○○씨는 미소가 참 예쁘시네요", "○○은 분위기도 잘 띄우고 이야기도 재미있게 해."라고 누군가 다른 사람을 칭찬하는 말을 들으면, 잠재의식에서는 주어가 사라진 채 말이 들린다. 자신을 향해 "미소가 예쁘다", "분위기를 잘 띄우고, 이야기도 재미있게 한다."라고 말해주는 것과 같은 효과를 발휘한다. 잠재의식은 마치 자신이 칭찬받은 것처럼 인식한다.

사람은 칭찬을 받으면 기분이 좋아진다. 이로써 자신의

존재 의미를 확인하거나 자신의 가치를 깨닫게 된다. 이것이 바로 자기긍정감 향상으로 이어진다. 이러한 **자기긍정감을 올려 주는 말을 입버릇으로 만들면 자연스럽게 자기긍정감이 높아진다.**

말이 감정을 만든다. 내가 한 말, 즉 말버릇을 바꾸면 간단하게 '진정한 자기긍정감'을 되찾을 수 있다.

P·O·I·N·T

- 말버릇에는 사용하는 단어뿐 아니라 어조나 톤, 표정 등도 포함된다.
- 변화의 첫걸음은 자기인식이다.
- '부정어', '빈번한 접속사 사용', '우물쭈물한 언어 습관', '공격적인 표현'은 자기긍정감이 낮아졌다는 신호이다.
- '긍정어', '~일 거야', '낙관', '자신감 있는 목소리와 웃는 얼굴'로 자기긍정감을 올려보자.
- '감사합니다'는 자기긍정감을 올리는 최고의 영양제이다.

Chapter 02

말의 식습관을 바꾸자

말버릇을 바꾸는 것은
단순한 '단어 치환'이 아니다

　세계 1위의 장수 국가인 일본은 평균 수명 84.3세로 현재 100세가 넘은 사람만 해도 9만 명 이상이다.

　장수 인구가 많은 이유 중 하나로 일본의 독특한 식습관인 '와식和食'을 꼽을 수 있다. 와식은 차와 생선을 중심으로 한 칼로리와 지방이 적은 식사를 말한다. 이에 반해 서구 국가는 빵과 육식을 주식으로 한 식문화로 지방이 많고, 열량이 높은 요리가 많다. 이것이 비만이나 고혈압 등을 유발하는 원인이 되고 있다.

　육식 대신 생선이나 콩으로 단백질을 대체하고, 충분한

채소 섭취와 기름기는 피하는 식단은 우리의 몸을 건강하게 만든다.

이는 마음의 건강에 대해서도 동일하게 적용할 수 있다. **자기긍정감이 높은 사람은 항상 건강에 좋은 말을 섭취한다.** 균형 잡힌 영양 섭취와 마음에 부담을 주지 않는 좋은 말을 섭취한다. 반면 자기긍정감이 낮은 사람은 지나치게 열량이 높은 말을 섭취한다. 자극적이고 부담을 주는 패스트푸드와 같은 말이다. 그렇기에 우리는 말의 식습관인 '말버릇'을 개선해야 한다.

그렇다면 '말버릇을 바꾼다', '말의 식습관을 바꾼다'라는 건 어떤 의미일까?

'바빠'를 '오늘은 편하게 휴식하자'로, '지쳤어'를 '열심히 했어'로, '과식했다'를 '배부르게 잘 먹었다'로, '왜 이런 것도 못하는 거야?'를 '이렇게 해 주면 좋을 텐데'처럼 많은 사람들이 부정적인 언어를 긍정적인 언어로 바꾸는 것이라고 생각하는 경향이 있다. 실제로 이러한 언어 치환은 여러 책에서도 소개된 바 있다.

그러나 언어 치환의 패턴을 1,000개 외운다 해도 아무런 소용이 없다. 이는 마치 생각날 때만 가끔 야채 샐러드를 섭취하는 것과 같다.

말버릇이란 의식하지 않고 무의식중에 나오는 말이다. **언어를 바꾼다는 의식이 머릿속에 있는 한 말버릇이라고 할 수 없고, 이는 근본적인 식습관의 변화라 할 수 없다.**

언어 치환을 지나치게 의식하면 주객이 전도될 위험이 있다. **어디까지나 목적은 낮아진 자기긍정감을 회복하는 것이란 걸 잊어선 안된다.** 그 수단으로 언어 치환이 필요한 것이고, 긍정적인 말버릇 들이기가 필요한 것이다.

언어 치환을 위한 암기가 의미 없다는 것은 다음의 예시를 봐도 알 수 있다. A와 B 두 명의 청년이 있다. A는 항상 등을 곧게 펴고, 씩씩하고 우렁찬 목소리로 말을 한다. 하지만 가끔 "오늘 있을 발표 너무 긴장된다", "망칠지도 몰라"와 같은 부정적인 말을 하기도 한다. 한편 B는 "오늘도 무사히 넘어갈 거야", "꼭 성공할 거야"라며 긍정적인 단어만 사용하는 타입이다. 그러나 목소리가 작아 조곤조곤 이야기하기 때문에 주변 사람들은 B가 한 말을 다시 되묻는 경우가 많다.

그렇다면 A와 B 중 누구와 이야기할 때 더 기분이 좋을까? 둘 중 누가 자기긍정감이 더 높다고 생각하는가? 분명 압도적으로 A를 택한 사람이 많을 것이다.

하는 말^{내용}도 중요하지만, 말하는 방식도 매우 중요한 요소이다. 활기찬 톤으로 말하는 A는 주변 사람들에게 '함께 이야기하고 싶은 사람'이라는 평가를 받을 것이다.

여기서 하고자 하는 말은 '언어의 식습관'이란 단어 수준의 문제가 아니라는 것이다.

말투나 목소리 톤, 발화할 때 표정, 긴 문장을 말할 때 문장 표현 등 말에 관한 '버릇^{습관}'에는 모두 변화의 여지가 있다. 즉, 이 다양한 요소를 모두 통틀어 '말버릇'이라 생각하면 된다.

긍정적인 언어로 치환한 단어를 달달 외운다 한들 의미가 없다. **자신도 모르게 튀어나오는 말이 바뀐다면 그것이 바로 여러분의 말버릇이 개선되었다는 증거가 될 것이다.**

자신의 '말버릇'
돌아보기

"너 자신을 알라." 고대 그리스 아폴론 신전의 문설주에 새겨져 있는 문구이다. 철학자 소크라테스는 '자신의 무지를 깨닫고 자신의 영혼을 정화하고 강화하자'는 의미로 이 말을 해석했다고 알려져 있다.

'영혼의 정화'라고 하면 살짝 거창할지 모르겠으나 우리가 변화를 추구하는 데 있어 '나 자신을 아는 것'은 매우 중요하다. 그도 그럴 것이 변화를 위한 첫걸음은 '자기인식'이기 때문이다.

예를 들어, 이제 막 골프를 시작한 사람이 있다. 그는 드라이버 샷의 비거리를 더 늘리고 싶어한다. 그래서 드라이버도 새로 구입하고, 프로 선수들의 레슨 영상을 보며 따라 해봤지만 좀처럼 비거리는 늘지 않았다. 왜냐하면 현재 자신의 상태를 파악하지 않았기 때문이다. 이를테면 스윙의 기초도 모르는 사람이 클럽 쥐는 법을 배워도 아무런 의미가 없는 것과 같다.

이 사람의 경우 우선 현재 자신의 스윙 실력이 어느 정도인지 파악해야 한다. 핸드폰으로 자신의 스윙 모습을 촬영하거나 다른 사람에게 자신의 스윙 폼을 점검받고, 현재의 드라이버 샷 상태도 파악해야 한다.

이렇게 현재 상태를 파악하면 프로 선수와 어떤 점이 다른지, 어느 부분을 개선할 수 있는지, 이를 위해 어떤 연습이 필요한지를 알 수 있다. 자신의 스윙 모습을 보게 되면 '내가 이렇게 형편없는 폼으로 치고 있었나?' 부끄러움이 밀려올 수도 있고, 타인으로부터 잘못된 스윙 폼을 지적받으면 의기소침해질 수도 있다. 그렇더라도 **'현재의 폼'을 인정하고, 직시하지 않으면 개선은 시작되지 않는다.** 개선이나 변화를 위해서는 정확히 자신을 파악하려는 시도가 필요하다.

춤 연습실은 전체가 거울로 둘러싸여 있다. 바로 자기인식 능력을 향상시키기 위해서이다. 부끄러워도, 어설프더라도 현재 자신의 상태를 정확하게 파악하고 받아들이기 위해서는 꼭 필요한 장치이다. 이는 '말버릇'을 개선하는 데 있어서도 마찬가지이다. **먼저 있는 그대로 자신의 '언어**

식습관'을 파악하고, 이를 직시하는 것부터가 첫걸음이다.

객관적 시각이
어려운 우리들

사이먼프레이저대학교 교수 로저 뷸러 Roger Buehler는 졸업 논문을 앞둔 대학교 4학년생들을 대상으로 한 가지 실험을 했다. 그는 학생들에게 학위 논문을 완성하는 데 얼마의 시간이 필요할지 최선의 경우와 최악의 경우를 예측하여 적으라고 했다.

그 결과, 학생들은 평균적으로 최선의 경우는 27.4일, 최악의 경우는 48.6일을 예상했다. 그러나 실제 논문을 완성하는 데 걸린 평균 기간은 55.5일이었다.

이 학생들처럼 우리는 어떤 일을 계획할 때 객관적인 상황을 분석하지 못하고 일에 대한 낙관적인 전망을 하면서 실제 계획한 것보다 시간과 노력이 더 많이 드는 경향이 있다. 이를 호프스태터의 법칙 Hofstadeter's Law이라고 한다. 이에 대해 심리학자이자 행동경제학자인 아모스 트버스키

Amos Tversky와 대니얼 카너먼Daniel Kahneman은 '**계획오류**'라고 명명하였다.

인간은 자신을 객관적으로 바라보는 것에 특히 취약하도록 설계되어 있다. 특히 말버릇은 무의식중에 입을 통해 나오기 때문에 스스로 깨닫기 매우 어렵다. 그렇기 때문에 더욱더 의식적으로 자신의 말버릇을 되돌아보는 시간을 가질 필요가 있는 것이다.

말버릇을 되돌아보는
다섯 가지 습관

무의식중에 자신의 입에서 나오는 말버릇이 무엇인지 되돌아보는 다섯 가지 방법이 있다. 이에 대해 구체적으로 살펴보자.

(1) 말버릇 저널링

컨설팅을 의뢰하는 사람들에게 필자가 제일 먼저 추천하는 방법으로 '말버릇 저널링journaling'이 있다.

이 방법은 구체적으로 누군가와 이야기한 후에 자신이 어떤 단어를 사용했는지, 어떤 주제에 관해 이야기했는지

꼼꼼히 기록하는 것을 말한다.

기록할 때는 핸드폰의 메모장 기능을 사용하거나 수첩에 직접 적으면 되는데, 지속적으로 기록하다 보면 자신의 언어 경향을 자세히 살필 수 있게 된다.

막상 시작을 하면 번거롭다 여겨지기도 할 것이다. 실제 상담을 위해 방문하는 의뢰인 중에는 중도에 포기하는 사람도 적지 않다. 따라서 좌절은 '누구나 하는 당연한 것'이라 생각하자.

중도에 포기하더라도 다시 시작할 수 있도록 3일 동안 잘 지키면 맛있는 걸 사 먹는다거나, 저널링을 포기했다 다시 시작했을 때 스스로에게 선물을 준다거나, 자주 쓰는 단어는 단어장을 만드는 것도 좋은 방법이다. 게임처럼 생각하면 의외로 즐겁게 습관으로 만들 수 있다.

(2) 대화 녹음하기

다음은 실제 자신이 상대와 나누는 **대화를 녹음해서 들어보는 방법이다.**

대화 상대가 누구든 상관없다. 친구나 가족, 연인과 나누는 일상적인 대화를 녹음하고 들어보기만 하면 된다.

녹음을 하면 자신이 자주 쓰는 단어가 무엇인지, 평소에는 몰랐던 자신의 목소리 톤 등을 알 수 있다. '내 목소리가 이랬구나', '내가 말을 할 때 이런 감탄사를 자주 쓰는구나' 등 아주 많은 것을 발견할 수 있을 것이다.

온라인으로 업무를 보는 사람이라면 화상 회의를 녹화해 다시 돌려보는 것도 좋은 방법이다.

(3) 질문하기

다음은 **평소에 자주 이야기를 나누는 상대에게 나의 말버릇을 직접 묻는 방법이다.**

사람은 자신을 객관적으로 바라보기 힘든 법이지만 그 대상이 타인이라면 말이 다르다. 오히려 타인이 더 객관적으로 나에 대해 평가할 수 있다. 여러분도 친구들의 말버릇은 금세 눈치챈 적이 있지 않은가?

만약 자녀가 있다면 자녀에게 물어도 좋다. 아이들은 부모의 말을 매일 듣기 때문에 정확히 기억하는 편이다. 자녀에게 어떤 말을 사용하는지 알게 되면 좋은 자기반성이 될 것이다.

(4) 메신저 돌아보기

다음은 가장 편리한 방법인 메신저 돌아보기이다. 업무 메일이나 SNS 게시물 등 과거에 주고받은 내용을 살펴보는 것만으로도 자신이 자주 사용하는 언어 습관을 파악할 수 있다.

문자로 확인하기 때문에 단어나 문장의 특징 정도를 파악할 수 있겠지만, 직접 눈으로 보기 때문에 보다 확실하게 말버릇을 파악할 수 있다는 장점도 있다.

(5) 일기 쓰기

마지막 방법은 일기 쓰기이다. 지난 일기를 읽어 보는 것도 자신의 언어 습관이나 주제 선택법, 사물을 바라보는 시각을 되돌아보는 데 도움이 된다.

일기는 누구에게 보여 주기 위해 쓰지 않기 때문에 수려한 문장을 작성하려고 고민하지 않아도 되고, 메모처럼 간단히 자신이 생각한 그대로 써도 된다. **오히려 일기의 내용**

이 사적일수록 자연스럽게 나오는 솔직한 표현을 되돌아보기에 좋은 재료가 될 수 있다.

일기장을 따로 마련하지 않더라도 메모장이나 스마트폰의 메모 기능을 활용하는 것만으로도 충분하다. 가벼운 마음으로 접근하면 좀 더 습관화하기 쉽다.

이상 대표적인 다섯 가지 말버릇 되돌아보기 습관에 관해 알아보았다. 이외에도 자신이 좋아하는 연예인의 말버릇을 주의 깊게 관찰하는 것도 하나의 방법이다. 타인의 말버릇을 자주 듣다 보면 자신도 무의식중에 따라 하는 경우가 발생한다. 의외로 연예인을 따라 하다 비슷하게 닮아가는 경우도 있다.

현재의 '언어 식습관'을 아는 것은 말버릇을 개선하고 자기긍정감을 되찾기 위한 첫걸음이다. 자, 함께 첫걸음을 떼 보자.

'마음의 적신호'
말버릇

 필자는 지금까지 1만 5,000명이 넘는 클라이언트와 상담을 진행해왔다. 그중에는 고위 공직자도 있었고, 프로 스포츠 선수, 정신적 문제로 집에 틀어박혀 회사에 출근하지 못하는 회사원, 등교를 거부하는 학생 등 연령이나 직업, 성격도 다른 가지각색의 사람들을 만났다.

 수많은 사람들 중 **자기긍정감이 낮은 사람들에게는 공통적으로 보이는 말버릇이 있다.** 자기긍정감이 떨어졌을 때 나타나는 구체적인 말버릇을 알아보자.

 혹시 자신의 말버릇이 여기에 해당한다고 해도 걱정할

필요는 없다. '이런 말버릇을 쓰면 안돼'가 아니라 '위험 신호구나'라고 받아들이면 된다. 자신의 잠재의식이 긴급히 SOS를 치고 있다고 생각하고 말버릇을 개선하는 기회로 삼으면 된다.

(1) 부정어가 늘어난다

자기긍정감이 떨어졌음을 보여 주는 대표적인 말버릇이 바로 부정어 사용의 증가이다. '못해', '이제 지쳤어', '분명 **안될 거야**'와 같은 **부정어**를 자주 사용하고 있다면 각별한 주의가 필요하다.

이런 부정어는 스스로에게 할 수도 있고, 부모가 아이에게, 상사가 직원에게 사용할 때도 많다.

부정어가 위험 신호라고 하는 이유는 **부정어가 우리 마음의 브레이크 역할을 하기 때문이다.**

말하자면 부정어는 통행금지 표지판에 해당한다. 스스로 통행금지 신호를 만들고 마음이 더 이상 전진하지 못하도록 가로막는 역할을 한다. 당연히 앞으로 전진할 동력을 잃게 되고, 출구 없는 막막함과 앞이 보이지 않는 불안감으로 기분이 점점 울적해진다.

나아가 **부정어를 자주 사용하면 부정적인 면만 보는 눈이 발달한다.** 사사건건 의심이 늘어나고 반사적으로 부정적인 말을 고르게 된다. 그렇게 되면 거부하거나 배제하고, 포기하려는 사고가 습관적으로 자리 잡는다.

예를 들어, 회사에서 희망하지 않던 부서로 인사이동이 되었다고 생각해보자. 어쩔 수 없이 업무를 맡게 되면 팀의 목표를 들어도 시큰둥하고, '어차피 되지도 않을 텐데 뭐', '열심히 해서 출세한다고 한들 일만 늘어나지'라며 무기력한 모습을 보이게 된다.

그렇게 되면 잠재의식은 '못해', '의미없어'를 뒷받침할 만한 정보를 수집하기 시작한다. 목표를 달성하지 못하거나 승진한 동기가 정신없이 일하는 모습을 보면 '거봐! 내가 뭐랬어'라며 스스로를 합리화한다. 결국에는 자신이나 타인의 실패 경험만이 축적되고, 의욕도 자기긍정감도 점점 떨어지고 만다.

이처럼 부정어를 많이 사용하면 '할 수 있을지도 몰라'

같은 긍정적인 면은 보기 힘들어지고, '어차피 안돼', '어려울 거야'와 같은 부정적인 사고가 만연해진다. 시야는 점점 좁아지고 막막함만 쌓여 간다.

부정적 사고의 늪에 한번 빠지게 되면 헤어 나오기 힘들고, 자기긍정감은 지하를 뚫고 들어간다.

(2) 접속사가 늘어난다

접속어의 사용 빈도가 늘어나는 것도 부정적 사고의 징후이다. 특히 '그러나', '그렇지만', '하지만' 등의 접속사를 주의해야 한다. 왜냐하면 이 역접관계 접속어 뒤에는 부정어가 오는 경우가 대부분이기 때문이다.

상담을 하다 보면 "선생님이 무슨 말씀을 하시는지는 알겠어요. 그런데 저는…"이라며 안되는 이유를 찾는 사람들이 많다. **그런데, 하지만, 그렇긴 하지만 등의 말 뒤에는 부정어가 오는 경향이 짙다.** 설령 '그렇지만'이란 말 뒤에 부정적인 말이 나오지 않는다 하더라도 의미는 동일하다.

역접관계 접속사로 시작하는 말은 변명이나 핑계인 경우가 많다. 변명하는 습관이 생기면 눈앞의 문제에서 시선을 돌리고 회피하는 습관이 마음속에 자리 잡는다. 그러다 보면 문제 해결의 방법 자체를 찾지 못하게 된다.

자기긍정감 세계 챔피언인 아기를 다시 떠올려 보자. 자기긍정감은 '장벽을 뛰어넘는 힘'이다. 즉 거듭 실패해도 포기하지 않는 마음이며, 실패하는 자신을 받아들일 수 있는 마음이고, 행동으로 옮길 수 있는 적극적인 마음가짐이다.

변명이나 핑계를 대며 도망가기 바쁘다면 자기긍정감이 자라나기 힘들다. 따라서 역접관계 접속어가 늘어나는 것 자체가 '위험 신호'라 할 수 있다.

(3) 자신 없는 말투

자신 없는 말투를 사용하는 경향이 짙으면 자기긍정감이 떨어지고 있다는 징후이다.

목소리가 작아지거나, 이야기하다 자주 한숨을 쉰다거나, 말끝을 흐리며 불분명하게 말하고 있다면 주의해야 한다는 신호이다.

이는 이른바 **'발화'에 브레이크가 걸려 있는 상태이다.** 일반적으로 자동차는 브레이크와 액셀을 동시에 밟아도 브레이크가 우선적으로 작동하도록 설계되어 있다. 즉 브레이크를 밟고 있는 동안은 아무리 기를 쓴다 한들 앞으로 나아갈 수 없다.

이와 마찬가지로 말을 하려고 할 때 브레이크가 걸려 있으면 아무리 '좋은 말'을 사용한다고 하더라도 앞으로 나아가기 힘들다. 마음은 정체되고, 때로는 후퇴해 버린다. 그러면 점점 마음이 위축되고 부정적인 사고가 자라난다.

이런 신호는 불안감이 높은 클라이언트와 상담하면서 알게 되었다. 이 의뢰인은 상담하러 와도 처음에는 좀처럼 말을 하려고 하지 않았다. 시선은 아래를 향한 채 입속에 말이 맴돌아도 "아, 그러니까. 이런 일이 있긴 했는데… 그렇지만…"처럼 확실히 말을 하지 않기 때문에 불명료하고 알아듣기 힘든 경우가 많았다. 이러한 자신의 습관^{말버릇}을 자신의 귀로 들은 이후 더욱 위축되어 점차 소극적인 사고로 바뀌어 가고 있었다.

(4) 공격적인 말투

공격적인 말투를 사용하고 있다면 자기긍정감이 낮아지고 있다는 신호이다.

이는 다른 누구도 아닌 필자의 경험담이다. 나는 스물다섯 살부터 공황 장애를 앓았고, 10년 동안 집안에 틀어박혀 밖으로 나오지 못했다.

그 당시 나를 알던 사람들은 지금과 비교하면 말투가 완전 다른 사람 같다고 이야기한다. 그때의 나는 이상할 정도로 말이 빨랐고, 다른 사람들의 말을 중간에 끊어 버리는 일이 잦았다. "논리적으로 말이 안돼", "모순이 너무 많아", "꼰대 같아", "말도 안되는 소리!"라며 마음속 가시를 말로 그대로 표현하곤 했다.

나는 스스로를 보호하기 위해 더욱 가시를 늘렸고, 이는 다른 사람들로부터 고립되는 결과를 낳았다. 실제로 주변 사람들이 점점 떠나기 시작한 것이다.

이런 공격적인 말투는 자기긍정감이 떨어졌다는 신호이다. 자신을 있는 그대로 받아들이지 못하고, 현상을 다각적으로 바라보기 힘들기 때문에 시야가 좁아지고 유연성을 잃은 상태이다. 긍정적으로 전혀 보지 못하는 상태라고도 할 수 있다.

자신 없는 말투도 주의해야 하지만 과도하게 공격적인 말투를 사용하는 경우에도 자기긍정감을 다시 살펴야 할 신호임을 유의해야 한다.

나쁜 말투는 성격 문제가 아니라 과도한 자기방어 기제이며, 자기긍정감의 결여에서 비롯될 수 있음을 기억하자.

부정적인 사고는 한번 시작하면 좀처럼 빠져나오기 힘들다. 앞으로 나아가려고 해도 브레이크가 걸리고 스스로를 궁지로 몰아넣어 의욕을 빼앗아 버린다. 그렇기에 더욱 이러한 위험 신호를 간과하지 말고, 악순환의 굴레에 빠지기 전에 개선책을 찾는 것이 중요하다.

앞의 내용 중 여러분의 말버릇에 해당하는 것이 있는가? 혹시 자신에게 해당되는 것이 있더라도 위축되지 않길 바란다. **이는 그저 신호일 뿐이다. 오히려 '이제라도 깨달아서 정말 다행이야'라고 스스로에게 칭찬의 한마디를 건**

네 보자.

우리 마음이 보내는 SOS 신호에 눈뜬 여러분이라면 자기긍정감을 회복할 날이 머지않았다.

습관으로 만들고 싶은
네 가지 말버릇

자신이 위험 신호를 나타내는 말버릇을 사용하고 있는지 되돌아보았다면, 이제는 좋은 말버릇을 만들어야 한다.

그렇다면 좋은 말버릇이란 무엇일까? 좋은 말버릇을 만드는 방법에 대해 알아보자.

습관으로 만들고 싶은 말버릇 ❶
긍정어 자주 사용하기

앞서 '부정어는 마음의 브레이크'라는 이야기를 했다. 그렇다면 마음의 액셀에 해당하는 말은 무엇일까? 여러분은 이미 정답을 알고 있다. 바로 부정어의 반대인 긍정어를 사용하는 것이다.

긍정어를 자주 사용하는 것. 이는 좋은 말버릇을 위한 전제 조건이자 중요한 포인트이다. **긍정어는** 성공의 모습을 표현하는 말 혹은 수용의 의미를 갖는 말로서 **'할 수 있어', '괜찮아', '좋아', '잘될 거야'** 같은 말이 대표적이다.

기말시험을 눈앞에 둔 학생이라면 보통은 '시험이 코앞인데 큰일이다. 공부해야지'처럼 정신적으로 몰아붙이는 말들이 떠오를 것이다. 거부나 배제를 표현하는 말 외에도 이처럼 의무감을 부여하는 '~하면', '~해야'도 부정적인 말에 해당한다.

만약, 이때 긍정어로 표현하고 싶다면 "이번 시험에서는 반에서 20등만 해보자. 할 수 있어!"라고 말해보자. 이렇게 발화함으로써 공부가 '의무'가 아닌 '자신의 꿈을 이루는 수단'으로 바뀌게 되며, 공부에 대한 동기 또한 새롭게 부여된다.

시험공부를 해야 하는 상황은 바뀌지 않지만, 어떤 말을 사용하느냐에 따라 동기는 완전히 달라질 수 있다. 나아가 '20등 안에 들자!'라는 구체적인 목표를 설정함으로써 이미 지화하는 힘이 작동하게 되고, 그만큼 현실을 바꿀 수 있는 가능성은 높아진다.

그러나 주의해야 할 점도 있다. 바로 모든 걸 긍정어로 바꾸는 나머지 지나친 완벽주의의 함정에 빠지는 것이다. 예를 들어, 도를 넘은 야근을 요구받거나 무리한 일정의 업무를 요청받았을 때에도 "할 수 있습니다!"라고 긍정어로 답하는 것이다. 이는 자신의 마음을 속이는 일이며, 무엇보다 몸을 상하게 할 수 있다.

꼭 필요한 상황에서의 NO 또는 거절을 잘하는 것도 기술이다. 오히려 필요한 상황에서 거절하지 못하는 경우 '솔직한 마음에 브레이크가 걸리는 것'임을 기억해야 한다.

개인적으로 단순한 긍정어로의 '단어 치환'에 부정적인 이유는 말버릇은 겉말만 바꾼다고 해결되지 않기 때문이다. **입으로 내뱉는 자신의 마음가짐이 함께 수반될 때 비로소 효과가 발휘된다.** 표면적인 단순 언어 치환에 집중하면 오히려 마음은 더 괴로워질 가능성이 있다. 긍정어를 많이 사용하는 건 분명 좋은 습관이지만 단순한 언어 치환에 집착하지 않도록 주의하자.

본인의 마음에 항상 정직하자. 그런 다음 표현을 바꾸려고 노력하면 된다. 우리 마음은 말을 양분으로 자란다. 즉 마음과 말은 서로 연결되어 있다. **긍정어로 표현을 바꾸면 현상에 대한 해석이 바뀌고, 긍정적인 면을 발견하는 사고가 발달한다.**

긍정적인 표현을 사용하고, 긍정적인 면을 바라보는 것. 이 두 가지가 서로 연쇄 작용을 일으켜 자기긍정감이 쑥쑥 올라가는 최고의 선순환을 낳는다. 꼭 오늘부터 긍정어로 표현하는 힘을 활용해보길 바란다.

습관으로 만들고 싶은 말버릇 ❷
'~일지도 몰라' 붙이기

"나쁜 말버릇을 없애자!"
"긍정어를 많이 사용하자!"

의식을 하고 있어도 처음에는 좀처럼 잘되지 않을 것이다. 말버릇은 바로 그 사람의 '습관'이기 때문에 금세 나쁜 버릇이 사라지지는 않는다.

특히 부정어를 자주 사용하는 사람이 긍정어를 사용하려면 생각을 완전히 전환해야 하기 때문에 쉽지만은 않다.

부정어에 익숙한 사람들일수록 통행금지 표지판을 마주하면 습관처럼 '이건 못해. 저건 너무 어려워 → 그래서 난 안돼 → 역시 나는 변할 수 없을 거야'와 같은 악순환이 시작된다. 이것이 습관이 되면 이 고리를 끊어 내는 것이 매우 어렵다.

일상생활에서 무심코 부정어가 고개를 불쑥 내밀 때 사용할 수 있는 표현 방법이 있다. 바로 '~일지도 몰라'이다. '못해', '어려워' 등의 부정어가 무심코 튀어나왔을 때 다음의 문장들처럼 '~일지도 몰라'를 붙이는 것이다.

"이 방법은 힘들겠어. 그렇지만 다른 방법이 있을지도 몰라."

"이렇게는 불가능해. 그렇지만 다른 방법으로 해보면 될지도 몰라."

부정에 '~일지도'를 붙이면 재해석의 여지가 남는다. 다른 가능성도 있음을 의식하게 되면 우리의 의식은 자연스럽게 막다른 길을 우회하는 방법을 찾기 시작한다. 이는 **심리치료 현장에서 사용되는 '인지적 탈융합cognitive defusion' 이란 기술이다.**

인지적 탈융합은 미국의 임상심리학자 스티븐 헤이즈 Steven C. Hayes가 주장한 수용전념치료ACT를 바탕으로 고안된 방식으로 부정적인 감정과 거리를 두어 악순환에서 빠지지 않도록 예방하는 방법이다.

앞에서 말한 '~일지 몰라'를 붙이는 방법 외에도 '부정적인 말은 노래 부르듯이 멜로디를 붙여 말하기' 등의 다양한 방법이 있다.

이상의 방법들은 모두 부정적인 감정만이 머릿속을 지배하지 않도록 다른 요소를 추가하거나 제3자의 시선을 접

목하여 부정적인 감정과 거리를 두는 것이 핵심이다.

우리가 무엇보다 피해야 하는 건 통행금지 표지판을 눈앞에 두고 좌절감에 빠지는 것이다. 돌아가는 길도 있고, 때로는 뒤로 한 걸음 후퇴해도 괜찮다. 통행금지 표지판은 그저 환상에 불과하고 그대로 직진하면 길은 반드시 이어진다.

언제든 '다른 방법이 있다', '막다른 길은 일시적으로 그렇게 보이는 것'이란 생각을 마음에 품어야 한다. 이런 마음이 있다면 '나는 할 수 있어', '고난도 뛰어넘을 수 있어'처럼 긍정적으로 생각하게 되고, 실제로 극복하는 경험이 쌓이면 자기긍정감이 놀랍게 향상된다.

무심코 입에서 나오는 부정어 뒤에 '~일지 몰라'로 보호막을 덮자. **부정어를 부정어 그대로 끝내지 말고 항상 가능성을 열어 두는 말로 바꿔 보자.** 이런 습관을 반복하는 것만으로도 결국, 마침내 부정어 자체가 자취를 감추게 될 것이다.

습관으로 만들고 싶은 말버릇 ❸
긍정 확언 습관화하기

'긍정적인 자기 선언'을 의미하는 긍정 확언affirmation은 마음속에 그리는 이상향이나 바라는 결과를 말로 선언하고, 자신의 의지를 다지는 작업이다.

설령 근거가 없다 하더라도 '할 수 있어!'라고 선언하는 것만으로도 우리의 잠재의식은 할 수 있다고 믿으려는 경향이 있다. 이를 이용하여 이상을 현실로 만드는 방법이 긍정 확언이다.

자기긍정감을 올리는 데 도움을 주는 긍정 확언 몇 가지를 추천한다.

"나는 할 수 있다. 어떻게든 할 수 있다!"
"나는 운이 좋은 사람이다. 다 잘된다."
"안심해. 즐겁고 다 괜찮아."

나아가 긍정 확언은 **'할 수 있어'보다 '해냈어!'**라고 현재 완료형을 사용할 때 더 효과적이다.

"시험에 합격했어!"
"프레젠테이션 훌륭하게 마쳤다!"
"오늘도 괜찮은 하루였어!"

위처럼 말하면 실제로 '해냈다'는 완료의 이미지가 머릿속을 강하게 지배하고 긍정 확언의 효과는 더욱 강력해진다.

이것만 들으면 수상한 종교 혹은 사이비를 의심할 수도 있을 듯싶다. 그러나 **긍정 확언의 효과는 이미 여러 시험으로 증명되었다.**

펜실베이니아대학교 심리학 연구팀은 메이저리그 전체 구단 소속 선수들의 시즌 중 인터뷰를 분석하는 조사를 실시했다. 선수들의 발언 속에 내재되어 있는 낙관도와 비관도를 팀 단위로 분석한 결과, 인터뷰에서 비관적인 발언을 한 선수가 많은 팀은 전년도 성적과 비교해 성적이 떨어진 반면, 낙관적인 발언을 한 선수들이 포함된 구단은 전년

대비 좋은 성적을 거뒀다는 사실이 밝혀졌다. 이 연구는 그다음 해에도 이어졌는데 역시 동일한 결과를 얻었다.

'할 수 있어', '괜찮아'라고 낙관적인 말버릇을 습관적으로 사용하는 선수들이 많은 구단은 좋은 성적을 거둘 가능성이 크다는 걸 보여 준 것이다.

피겨스케이트 선수 등 다양한 분야의 운동선수들 중에는 이미 일상생활에서 긍정 확언을 실천하고 있는 사례가 많으며, 이를 통해 성적 향상의 효과를 보고 있다.

습관으로 만들고 싶은 말버릇 ❹
밝고 명랑한 톤으로 말하기

앞서 소개한 '위험 신호를 나타내는 말버릇'에서는 사용하는 단어뿐 아니라 사용하는 '말투'에 따라 자기긍정감을 떨어뜨리기도 한다고 했다.

그러나 그 반대로 **말투에 따라 자기긍정감을 향상시킬 수도 있다.** 즉 좋은 말투, 좋은 톤, 좋은 대화법을 갖춤으로써 마음의 액셀을 밟아줄 수 있다. 이는 특히 무의식적으로 밴 습관이 차지하는 비중이 크기 때문에 습관으로 만들기만 하면 확실한 무기를 장착하는 효과를 볼 수 있다.

이 방법의 **포인트는 성량과 표정이다.**

올림픽 육상 경기 중 투포환 경기를 본 적 있는가? 참가 선수들은 투포환을 던지는 순간 다들 우렁찬 목소리로 저마다의 구호를 외친다.

이 '외침'에는 분명한 이유가 있다. **큰소리를 낼 때 우리 뇌에서는 아드레날린이 분비되어 평소보다 더 큰 힘을 발휘하도록 도와준다.** 아드레날린은 교감신경_{신체 기능을 활성화하는 자율신경}을 자극하는 호르몬이다. 교감신경을 자극하면 육체와 정신이 흥분 상태에 이르고, 심장박동 및 혈압이 상승하여 신체적인 퍼포먼스가 향상된다.

미국의 심리학자 윌리엄 제임스_{William James}는 "사람은 슬퍼서 우는 것이 아니라 울어서 슬퍼지고, 즐거워서 웃는 것이 아니라 웃어서 즐거워진다."라는 제임스-랑게 이론_{James-Lange theory}을 발표한 바 있다.

실제로 사람은 웃으면 뇌에서 엔도르핀과 같이 행복을

관장하는 물질이나, 도파민처럼 쾌락을 관장하는 물질이 분비된다. 엔도르핀endogeneous morphine은 '행복한 감정'을 불러 일으키는 신경전달 물질이다. '뇌 속 모르핀'이라는 뜻 그대로 고통을 완화하는 작용을 한다. 도파민은 스트레스 호르몬의 분비를 억제하는 기능을 하고, 의욕이나 동기 부여를 위해 필수적인 호르몬이다.

이처럼 목소리를 힘차게 내면 우리 몸에 힘이 실리고, 의식적으로 미소를 유지하면 행복감을 느낄 수 있다. **항상 입꼬리를 올리고 얼굴에 미소를 띠는 습관은 우리 마음에 지대한 영향을 준다.** 활력이 생기고 행복감이 차오르면 우리 마음이 긍정적인 상태가 된다. 삶에 대한 의욕이 생기고, 무슨 일이든 즐겁게 임할 수 있는 용기가 생긴다.

어렵게 생각할 필요 없이, **단지 말하는 방식을 조금 고치기만 하면 된다.** 생각보다 쉽지 않은가? 입꼬리를 살짝 올려보자. 그리고 멀리 떨어진 사람에게도 잘 들릴 만큼 활기찬 음성으로 이야기해보자.

'안돼. 나는 목소리가 원래 작아', '긴장하면 나도 모르게 표정이 굳어 버리는걸' 이런 걱정을 하고 있다면 성대 모사를 해보자. 말 잘하는 연예인을 **롤모델로 정해서 그 사람과 비슷하게 흉내를 내며 말해보는 것이다.** 그러면 자연스럽게 그 사람의 화법이 몸에 익어 대화의 흥이 오르고 웃음이 늘어날 것이다.

대화의 내용은 상관없다. 목소리의 크기, 어미, 톤, 표정 등 상대의 '말하기 방식'을 흉내 내는 데 의미가 있다.

흉내를 내는 상대는 누구라도 상관없다. 연기자들처럼 다른 사람이 되어 말투를 자유자재로 바꿔 보는 것이 중요하다. 자신 외의 누군가를 흉내 내거나 상상하면서 이야기하는 것은 좋은 말투를 습관화하는 방법이자, 새로운 자신을 발견하고 자신을 객관적으로 바라보는 방법이기도 하다.

또한 시야가 넓어지고, 사고가 부정적으로 빠지는 문제도 의외로 사소한 문제라는 사실을 깨닫는 계기가 될 것이다. 그러면 사소한 일은 고민하지 않게 된다. 이는 자기긍정감으로 이어지는 길이기도 하다. 흉내 내기는 인생에 상당한 선순환을 가져오는 실용적인 행동 요법이다.

앞에서 소개한 간단한 말버릇만 습관으로 만들면 마음의 면역력이 높아지고 자기긍정감은 회복된다. 그리고 여기에 더해 언어 습관이 바뀌고 최고의 인생이 시작된다.

이상적인 나를 만드는 최강의 마인드셋

약효가 없는 약이라도 먹는 사람이 '이 약은 효과가 있을 거야'라고 착각하면 실제로 증상이 개선되는 **'플라세보 효과'**가 있다. 미국의 사회학자 로버트 K. 머튼 Robert K. Merton이 주장한 **'자기충족적 예언'**도 이와 비슷한 개념이다. 근거 없는 예측거짓말이나 착각이라 하더라도 그 예측에 따라 행동하게 되면 실제로 실현되는 현상을 말한다.

자기충족적 예언이 실제로 벌어졌던 영국의 노던록 Northern Rock 은행의 사례를 살펴보자.

예언은
현실이 된다

 노던록 은행은 영국에서 다섯 손가락에 꼽히는 대형 은행이다. 그런데 2007년 9월 서브프라임 모기지 사태에 휘말리면서 자금난에 시달리기 시작했고, 영국 중앙은행BOE에 지원을 요청할 수밖에 없었다. 이 소식이 알려지자 불안함을 느낀 고객들이 예금을 돌려받기 위해 몰려들었고, 결국 대량의 예금 인출 사태를 맞았다. 이로 인해 노던록 은행은 더욱 심각한 위기에 빠졌다.

 영국 금융 당국은 "예금 안전성에 문제가 없다."는 긴급 성명을 발표했으나, 위기는 잠잠해질 기미가 보이지 않았다. 일부 지점에서는 예금자들의 예금 인출 소동으로 경찰이 출동하는 사태를 빚기도 했다.

 이 소동 이후 노던록 은행은 파산 절차를 밟았다. **처음에는 그저 예금을 돌려받지 못할 수 있다는 예측에 불과했던 것이 현실로 일어난 것이다.** 이 밖에도 사람들이 '주가가 오를 것이다'라고 믿고 있는 한 언젠가는 주가가 오르고, '이 학생의 성적이 오를 것이다'라고 교사가 학생에 대한 믿음을 가지면 해당 학생의 성적이 오르기도 한다. 이런 사례나 실증 실험이 몇 차례 보고되기도 했다.

착각은
성공의 원천

긍정 확언에는 자기충족적 예언과 비슷한 메커니즘이 존재한다.

"나에게는 많은 기회가 있어."라고 긍정 확언을 습관적으로 말하면 실제로 자신에게 기회가 많다고 믿게 되어 그 방향으로 행동하게 된다. 설령 중간에 문제가 생기더라도 '아니야, 나에게는 기회가 많으니까 괜찮아!'라며 자신을 다독이며 앞으로 나아간다. 몇 번이고 넘어져도 다시 일어나 도전하며 시행착오를 거듭한다. 이렇게 긍정 확언을 실천하는 사람은 바로 포기해 버리는 사람에 비해 성공에 가까워질 가능성이 훨씬 높다.

긍정 확언을 "그냥 착각 아니냐. 생각만으로 성공한다면 세상에 성공 못할 사람은 없다."며 아무것도 아닌 것으로 치부하는 사람도 있을 것이다. 그렇다. 이를 필자는 '**착각의 힘**'이라 부른다. 그럼에도 상상에는 현실을 바꾸는 힘이 있다는 사실을 기억해야 한다.

강력한 착각의 힘은 분명 우리의 잠재의식을 활성화한다. 할 수 있다고 믿으면 잠재의식은 나름대로 할 수 있는 이유를 찾고, 이를 실현하기 위해 정보를 수집하고 행동으로 옮기게 만든다.

나아가 '할 수 있다'는 마음은 달성에 필요한 현실적 요소도 알아서 찾아낸다. 이는 목표를 긍정적으로 바라보게 만든다. 그렇게 되면 자연스럽게 자신감이 생기고 점점 적극적으로 행동하게 된다. **착각의 힘만으로 반드시 목표에 가까워질 수 있다.**

긍정 확언은 긍정적으로 바라보게 만들어 주는 촉매제 역할을 한다. 이를 통해 긍정의 눈을 확실히 키울 수 있다. 그리고 여기에 성공 경험이 더해지면 점점 흐름을 타며 자기긍정감이 올라가게 된다.

긍정 확언은 단 10초 만에 가능하다. 입으로 말하는 것만으로도, 머리로 생각하기만 해도 좋다.

자, 지금 당장 긍정 확언을 한마디 해보자.

"나는 할 수 있다. 괜찮다!"

자기긍정감을 올려 주는 최고의 영양제

 여러분은 평소에 영양제를 챙겨 먹는 편인가? 필자도 평소에 비타민이나 미네랄 같은 영양제를 먹으려고 노력한다.

 건강한 생활을 위해서는 균형 잡힌 식사가 무엇보다 중요하지만, 손쉽게 섭취할 수 있는 영양제를 더해 주면 건강 증진에 도움을 준다. 영양제는 식사로 보충하기 어려운 성분을 간편하게 섭취할 수 있다는 장점이 있다.

말버릇으로
긍정적인 감정 끌어내기

건강 증진에 도움을 주는 비타민처럼 말의 식습관에도 효과적인 영양제가 있다. 바로 '**감사합니다**'라는 말이다. **이는 말버릇 분야에서 최고의 영양제라고 할 수 있다.**

'감사합니다'는 두말할 필요도 없이 감사의 마음을 표현하는 말이다. 따라서 이 말을 사용할 때 우리 마음은 필연적으로 긍정적인 상태일 것이다. 아무리 사소한 일이라 하더라도 상대방에게 감사의 마음을 담고 있기에 부정적인 감정이 자라날 여지가 없다.

이는 **'감사합니다'라고 말을 하는 화자나 이를 듣는 청자 모두에게 부정적인 감정이 자라나지 못하게 하는 마법 같은 말이다.** 필자는 아침에 눈을 뜨자마자 "오늘 하루가 밝았다! 감사합니다."라고 말한다.

이 방법이 다소 **맥락이 없더라도, 마음이 동하지 않더라도 괜찮다.** 조건 반사적으로 항상 '감사합니다'라고 말해 보자. 그러면 확실히 자기긍정감이 올라가는 것을 느낄 수 있을 것이다.

'감사합니다'의 힘으로
악순환 끊어 내기

"마음에도 없으면서 감사하다는 말이 나오지 않아요."라고 말하는 사람이 있다. 그럴 수 있다. 그러나 **의식적으로 '감사합니다'라는 말을 습관화하는 데에는 큰 의미가 있다.**

사실 이는 필자가 효과를 본 방법이기도 하다. 과거 스물다섯 살부터 10년간 나는 은둔형 외톨이로 지냈다. 그 당시의 나는 매사 부정적으로 생각하고, 부정적인 말만 사용하고 있었다. 항상 무기력했고, 나 자신을 탓하느라 자신감을 완전히 상실한 상태였으며, 무엇이 되었든 스스로를 인정하지 못했다. 말 그대로 악순환의 늪에 빠져 매일을 살아갔다.

이런 상황에서 이나모리 가즈오의 『어떻게 살아야 하는가』를 읽고 깊은 감명을 받았다. 나는 이 책에서 조언한 대로 **'상황이 좋을 때뿐만 아니라 불행이 찾아왔을 때도**

마찬가지로 감사하는 마음을 갖자'라는 구절을 실천해보기로 했다.

'아, 나는 정말 최악이야'라는 생각이 들면 바로 뒤에 '그렇지만 나는 감사해'라고 덧붙였다. '밖에 나가기가 두려워' 이런 생각이 들 때도 뒤에 '감사합니다'를 붙였다. 물론 당시 내 마음은 지옥이었다. 그렇지만 조건 반사적으로 반드시 '감사합니다'를 뒤에 붙이는 습관을 들였다. 그러자 악순환에 빠져 있던 나에게도 변화가 찾아오기 시작했다.

우선 '감사합니다'라는 말이 한번 쿠션의 역할을 해 주기 때문에 **냉정하게 다음의 선택지를 생각할 수 있게 되었다.** 생각을 통해 다른 요소가 개입할 수 있는 여지를 열었고, 부정적인 감정과 거리를 두는 '인지적 탈융합'의 효과를 거둘 수 있었다.

이뿐만 아니라 산다는 것, 움직일 수 있다는 것, 작용하는 잠재의식이 있다는 것에 갈수록 나에 대한 감사의 마음이 솟구쳤다. 당연히 주변에 감사하는 마음도 커져, 감사의 마음을 전달하고 싶은 마음이 들었다. 그러자 다른 사람들이 나에게 '감사'를 표현하는 빈도가 늘어나고, 자신의 가치가 높아지는 느낌을 받았다. **그렇게 조금씩 자신을 받아들일 수 있게 되었다.**

필자가 직접 실천해본 수많은 심리학 이론 중에서도 '감사합니다'를 말끝에 붙이는 습관은 확실한 효과가 있었다. 다섯 글자밖에 되지 않지만 셀 수 없을 만큼의 긍정적인 효과를 가져다주었다.

'감사합니다'를 습관처럼 말하다 보면 감사할 일이 참 많다는 걸 깨닫게 될 것이다. **어떤 일이든 긍정적으로 보게 되고, 사소한 일에도 감사할 수 있게 된다.** 타인뿐 아니라 자신에게도 감사할 점이 많다는 걸 알게 된다. 이는 있는 그대로의 나를 바라보게 만들고, 다양한 나의 모습을 소중하게 생각하는 마음을 길러 준다.

감사의 마음은 '감사합니다'를 입으로 내뱉으면 필연적으로 수반된다. 이렇게 마음이 함께 동하게 되면 나아가 감사를 전할 기회가 늘어나고, 주변 사람들로부터 감사의 인사를 받는 일이 많아지는 선순환으로 이어져 자기긍정감이 점점 올라간다.

긍정적인 말의 식습관을 습관화하는 것도 물론 중요하

지만, '감사합니다'라는 최고의 영양제를 섭취하는 것도 자기긍정감 향상에 매우 효과적인 방법이다.

부디 '감사합니다'를 습관으로 만들어 더 좋은 인생을 만들어 보자.

좋은 말버릇을 '습관'으로 만들자

지금까지 좋은 말버릇에 관해 알아보았다.

- 긍정어 많이 쓰기
- '~일지 몰라' 붙이기
- 긍정 확언하기
- 힘찬 목소리로 웃으며 말하기
- 최고의 영양제 '감사합니다'를 습관화하기

위 다섯 가지 모두 매우 중요한 말버릇이지만 **무엇보다**

중요한 것은 이를 '습관'으로 만드는 것이다. 좋은 말버릇은 한번 입에 배면 마음에서 변화가 일어난다. '말의 식습관'을 개선하는 것이 목표이기 때문에 **하루, 일주일, 나아가 평생의 습관으로 만들기 위해 노력하자.**

뇌는 반복된 기억을 우선 기억한다

뇌는 상상하기 힘들 정도로 복잡해서 지금까지도 완벽하게 해명되지 않은 것들이 대부분이지만, 일부 그 정체가 밝혀진 것들이 있다. 그중 하나가 **'뇌는 반복 기억을 우선해서 기억한다'**는 것이다. 뇌는 받아들인 말이 사실인지 아닌지와 관계없이 이를 사실로 받아들이고, 우선순위로 기억하게 된다.

예를 들어, 몸을 씻을 때 얼굴 먼저 씻는 사람, 왼팔이나 오른쪽 다리부터 씻는 사람 등 저마다 자신만의 순서가 있다. 이 순서를 지키지 않으면 구석구석 씻었어도 뭔가 찝찝한 기분이 든다. 이것이 바로 '반복'을 뇌가 우선 기억해낸 결과이다. **루틴처럼 반복되는 순서를 뇌가 편안하게 여기기 때문이다.**

앞서 '뇌는 항상 새롭게 신경을 재정비하며 변화한다'는 신경 가소성을 설명한 바 있다. 뇌는 새롭게 구성된 프로그램을 기억하고, 그 형태에 맞춰 변화한다. 즉, 몇 번이나 반복해서 좋은 말의 영양제를 먹으면 버릇도, 사고 습관도 확실히 변화하고, 습관으로 정착하게 된다.

반복해서 말하기

반복해서 말하는 두 가지 방법에 대해 알아보자.

첫째, 그 자리에서 같은 말을 반복하는 것이다.

긍정어를 말했을 때 세 번 반복하는 방법으로 "할 수 있다"가 아니라 "할 수 있다, 할 수 있다, 할 수 있다." 이렇게 세 번 반복하는 것이다. "괜찮아"도 마찬가지로 "괜찮아, 괜찮아, 괜찮아." 세 번 반복한다.

그러면 뇌에 바로 '할 수 있다'라는 기억이 우선적으로

입력된다. 그럼 '할 수 있는 이유'를 뇌는 찾기 시작하고, 가능한 측면_{긍정적 측면}을 찾아내는 것이다.

둘째, 매일 반복하기이다.

긍정 확언의 경우 이 방법이 매우 중요한데, 개인적으로 추천하는 방법은 아침에 눈 뜨자마자 긍정 확언을 반복하는 것이다.

아침은 하루의 시작이다. 이 시간을 어떤 기분으로 보내는지에 따라 그날 하루의 기분이 좌우된다. 이 하루가 일주일이 되고, 한 달이 되고, 일 년이 된다. 즉 매일의 하루가 모여 인생이 된다.

아침 시간을 조금이라도 좋은 방향으로 바꾸면 인생을 크게 변화시킬 수 있다. 이른바 자기긍정감에서 **아침은 매우 중요한 '골든 타임'이다.**

인간의 몸은 아침에 가장 활발하게 움직이도록 설계되어 있다. 햇빛을 받으면 마음의 균형이 맞춰지며 세로토닌의 분비량이 늘어난다. 반대로 밤에는 수면을 부르는 멜라토닌의 분비가 증가한다. 따라서 아침의 1시간은 밤 1시간의 4배 정도의 생산성을 가지고 있다.

골든 타임을 가능한 효율적으로 활용하기 위해서라도 **아침에 일어나자마자** 긍정 확언을 반복하기를 추천한다.

좋은 말버릇은
뇌를 바꾼다

구체적으로 매일 아침, 어디서, 어떤 긍정 확언을 하면 좋을까?

"오늘도 좋은 하루!"
"나는 운이 좋아! 행운아야!"

매일 아침 거울에 비친 자신을 보며 위와 같이 긍정 확언을 반복해보자. 그리고 창문을 열고 햇빛을 받으며 "좋아!!"라고 외치며 기지개를 크게 켠다.

처음에는 부끄러울 수 있지만, 용기를 내어 큰소리로 씩씩하게 미소를 머금고 해보길 바란다. 그리고 '일어나자마자 바로 하기'처럼 기억하기 쉬운 시간을 정하면 지속하는 데 도움이 된다.

습관이 되기까지
걸리는 시간, 두 달

긍정 확언을 습관화하는 데 얼마의 시간이 필요할까?

런던대학교 필리파 랠리Phillippa Lally 박사 연구팀의 연구 결과에 따르면 일기 쓰기, 독서하기 등의 일상적인 행동을 습관으로 만드는 데 최소 21일이 걸리며, 다이어트·새벽 기상 등 신체 리듬과 관련된 행위를 습관으로 만드는 데는 66일이 걸린다고 한다.

부정적인 것을 긍정적으로 인식 전환하는 사고 습관도 이와 같다. 따라서 우선 **'좋은 말버릇'을 두 달 지속하기를 목표로 시작해보자.**

- 두 달 동안 매일 긍정적인 말하기
- 매일 아침 긍정 확언하기
- 큰소리로 이야기하기

그 이후 뇌는 스스로 사고와 마인드를 바꾼다. 석 달째부터는 더 이상 의식하지 않아도 긍정적으로 현상을 바라보는 힘이 생길 것이다.

물론 습관화하는 그 두 달 동안 좌절하고 포기해 버리고 싶을지도 모른다. 잊어버리고 지나가는 날도 있을 것이다. 이런 현상은 흔하게 나타나므로 필요 이상으로 걱정하지 않아도 된다. 좌절하더라도 그 후에 **바로 다시 일어설 수 있는 방법을 찾으면 된다.**

반복하기, 지속하기는 자기긍정감을 향상하는 확실한 길이다. 이를 위한 지름길은 없다. 고작 두 달이다. 그 두 달 동안 여러분의 인생에 큰 변화가 찾아올 것이다.

부정적인 감정은
버려 버리자

'이건 하면 안되는 말이야.'
'이런 말투를 쓰면 안돼.'
'이 말은 꼭 해야 해.'

위의 예시처럼 **말에 의무감을 갖지 않도록 주의해야 한다. '~하면', '~해야'라는 생각으로 말에 족쇄를 걸지 않아야 한다.**

아무리 자기긍정감이 높은 사람이라도 부정적인 감정이 밀려올 때가 있다. 괴로울 때도 있고, 좌절하기도 한다. 가끔은 난폭한 말로 분노를 표현할 때도 있을 것이다. 이러한 자신의 솔직한 감정을 '아, 이런 말하면 안된다고 했지'라며 족쇄를 걸면 초조함과 불안이 마음을 지배한다. 마음이 침울해지고 자기긍정감 또한 떨어진다. 이렇게 되면 역효과만 나타난다.

좋은 말, 좋은 말버릇은 분명 존재하지만, 나쁜 말버릇을 한번 했다고 절대로 되돌릴 수 없는 것은 아니다. 자기 긍정감은 언제든지 다시 회복할 수 있다.

부정적인 말이 마음에서 불쑥 고개를 들 때는 일부러 그 단어를 입으로 따라 해보자. 부정적인 감정을 소리로 내뱉으면 마음속 불안감과 초조함을 밖으로 쫓아낼 수 있다. 족쇄를 풀고 마음에 자유를 주면 신기할 정도로 기분이 한결 가벼워짐을 느낄 것이다. 부정적인 감정은 툭툭 털고 잊어버리자.

여기서 한 걸음 더 나아가 부정적인 말을 뱉은 후에 "후련해!"라는 말을 덧붙여 보자. 이 한마디로 부정적인 말을 뱉은 행위 자체를 긍정적으로 받아들일 수 있게 된다.

'부정적인 감정은 쓰레기통에 버렸어.'
'이제 내 마음을 떠났어.'

이렇게 하면 부정어를 사용한 자신을 탓하는 마음이 고개를 내밀다가도 자취를 감춘다. 마음만 긍정적으로 바꾸면 되는 것이다. **부정적인 감정을 부정하는 것이 아니라 받아들이고, 거기서부터 빠르게 회복하는 것 자체가 자기 긍정감을 높여 주는 행동이라 할 수 있다.**

매사 맞고 틀리고의 관점이 아닌 긍정적인 마음으로 바라보는 것이 더 중요하다.

P·O·I·N·T

- 긍정적 사고(positive thinking)도 지나치면 위험하다.
- '안정감'은 마음의 지지대이다.
- 안정감 형성을 위해 '마음의 안식처 만들기', '세계는 넓다는 사실 깨닫기', '타인을 믿어 보기'
- '나도 알아', '괜찮아'는 안정감을 키워 주는 영양제이다.
- 안정감이 있으면 인생이 자유롭고 즐거워진다.

Chapter 03

'안정감'이란 혈류의 흐름을 만들자

긍정에 대한
절대적 믿음의 위험성

앞서 1장에서 자기긍정감에 관한 세 가지 착각에 관해 이야기했다.

- 자기긍정감은 가정 환경으로 정해지는 것이 아니다.
- 자기긍정감은 언제든 바꿀 수 있다.
- 자기긍정감이 원래 낮은 사람은 없다.

이 밖에도 아직 자기긍정감에 관한 착각이 더 남아 있다. 바로 **자기긍정감이 높은 사람은 항상 긍정적일 것이라**

는 생각이다.

'자기긍정감이 높으니까 긍정적일 수밖에 없겠지.'
'긍정적이니까 자기긍정감이 높을 거야.'

이렇게 '자기긍정감'이 곧 '긍정적'이라는 공식으로 결부시키는 경우가 많다. **그러나 자기긍정감이 높다고 긍정적인 사람을 의미하는 것은 아니다.**

실례로 필자 또한 결단코 밝은 사람이 아니다. 낯을 가리고 매우 정적인 스타일이다. 사교적인 성격도 아니고 동호회에 들어가 사람들과 어울린 적도 없다. 강연이나 강의에서는 많은 청중 앞에 서기도 하지만 이 또한 원래 내 모습과는 괴리가 있다. 강연 전에 세미나실을 미리 걸어 보며 의식적으로 강사 모드로 전환하기 위해 마음을 가다듬는 연습을 할 정도이다. 이런 내가 자기긍정감에 관해 이렇게 이야기하고 있다. 진정한 자기긍정감이 무엇인지 이해하고 있으며, 자기긍정감을 갖춘 사람이라고 자부한다.

반면 매우 사교적이어서 반에서 인기가 많고, 친구도 많은 아이가 어느 날 갑자기 등교 거부를 하는 경우도 있다. 아무도 그 아이가 왜 등교를 거부하는지 짐작은커녕 '그 애가 그럴 리가 없다'며 놀란다.

이는 성인이라고 다르지 않다. 언제나 밝고 쾌활해서 정신력도 강할 거라고 생각했던 사람들이나 자신은 매사 긍정적이라 마음의 병 따윈 없다고 자부하던 사람들이 어느 날 갑자기 집에 틀어박혀 밖으로 나오지 않기도 한다.

이런 사례는 매우 흔한 일이다. 즉, 긍정적인 성격과 건강한 자기긍정감의 소유자가 반드시 동격은 아니라는 것이다.

긍정적 사고의
위험성

"저는 자기긍정감이 높고 긍정적이에요. 부정적인 일이 일어나도 바로 긍정적인 생각으로 전환할 수 있어요!"

상담할 때 이렇게 자신감에 차서 이야기하던 한 어머니

가 있었다. 그녀의 고민은 '엄마인 자신이 이렇게 긍정적인데 왜 아이가 등교 거부를 하는지 모르겠다'는 것이었다.

긍정을 과신하는 부모의 자녀는 정신력이 약한 경우가 많다. 왜냐하면 부모가 아이의 부정적인 감정을 아예 부정하기 때문이다. 아이가 고민을 토로해도 "그렇게 정신력이 약해서야, 원." 혹은 "긍정적으로 생각하고 웃으면 다 해결돼."라는 말만 하는 것이다.

그러나 **부정적인 감정이 드는 건 누구에게나 있는 일이다.** 특히 아이의 경우 아직 자신의 감정 변화를 언어로 표현하거나 통제하는 데 서툴기 마련이다. 부모가 고민을 이야기하는 아이에게 "긍정적으로 생각해!"라는 말만 반복한다면 아이는 부정적인 감정을 어떻게 해결해야 할지 몰라 자신을 탓하면서 점점 위축되고 만다. 그 결과 점점 부모에게 자신의 고민을 이야기하지 않게 되고, 부모 자식 사이에 관계의 골이 깊어지기도 한다.

긍정적으로 생각하는 것 자체는 매우 좋은 사고방식이다. 매사 긍정적으로 바라보는 것은 인생을 풍요롭게 하는 전제 조건이라 해도 과언이 아닐 것이다.

그러나 긍정에 대한 집착이 강해지면 시야가 좁아져 부정적인 감정 자체를 인정하지 않게 되고, 이로 인해 다양한 폐해들이 나타나게 된다. 긍정에 대한 믿음이 너무 지나치면 오히려 위험하다.

사람은 부정적인 감정을
우위에 둔다

인간의 심리를 연구하는 접근법 중 하나인 진화심리학은 진화의 과정을 세밀하게 추적함으로써 인간의 마음을 해명하는 학문이다. 이 관점에서 우리의 부정적인 감정에 관해 생각해보자.

우리가 구석기 시대에 태어났다면 지금보다 훨씬 죽음이 우리 삶에 가까이 있었을 것이다. 비바람에 노출된 집에서 매일 끼니를 걱정하고, 언제 들짐승의 습격을 받을지 몰라 두려움과 불안에 떨고 있을 것이다.

그러나 이러한 엄청난 공포감 때문에 매사 주의 깊게 주변을 살피고, 식량을 찾기 위해 최고의 집중력을 발휘할 것이다. 오히려 이런 공포감이 없다면 경계심이 부족해 바로 죽음을 맞이할 수 있다.

이런 측면에서 본다면 **불안이나 공포감 같은 부정적인 감정은 삶을 영위하기 위해 꼭 필요하다고 볼 수 있다.** 이와 관련한 흥미 있는 연구 결과 하나를 살펴보자.

미국의 심리학자 쉐드 햄스테터 Shad Helmstetter 박사에 따르면 인간은 태어나서 성인이 될 때까지 대략 14만 8,000번의 부정적인 말을 들으며 자란다고 한다.

실제 우리는 성장하는 동안 "너는 안돼", "위험하니까 하지 마", "아직 너한테는 너무 일러" 등의 부정적인 말들을 듣게 된다. 즉, **우리의 공포감은 선천적이면서도 후천적인 교육의 결과로 생긴 감정이라고 할 수 있다.**

북송의 유학자 주돈이가 지은 『태극도설太極圖說』에는 "천지 만물은 모두 음과 양의 조화로 성립되었으며, 음이 극단으로 치달으면 양이 되고, 양이 극단으로 치달으면 음이 된다."라는 구절이 나온다. 즉 부정과 긍정은 명확히 구분하거나 어느 한쪽을 완전히 제거할 수 있는 것이

아니라는 것이다.

부정을 인정하면
긍정이 확대된다

우리의 마음도 부정과 긍정의 균형 안에서 성립된다. 그렇기에 우리 안에 있는 부정적인 요소를 직면하게 된다면 긍정적인 측면에 초점을 맞추는 것이 중요하다.

재일교포 2세로 일본에서 모델과 탤런트로 활동하는 안미카는 초긍정 마인드로 매사에 칭찬을 잘하기로 유명하다. 지금 눈앞에 있는 이 평범한 수건도 칭찬할 수 있냐는 질문을 듣고는 바로 "하얀색이라도 세상엔 200개가 넘는 하얀색이 있어요. 그런데 이 하얀색은 딱 수건에 어울리는 하얀색이네요."라고 답해 왜 그녀가 긍정의 아이콘인지를 보여 주었다.

안미카는 "절실하게 사물의 좋은 면을 찾지 않으면 살기 힘든 환경이었기 때문에 컵 하나, 수건 한 장에서도 좋은 점을 발견하는 습관이 생겼어요."라며 **과거 가난과 따돌림**

등의 수많은 부정적인 경험을 했던 것이 자신을 긍정적으로 만들었다고 밝혔다.

부정적인 경험을 한 사람일수록 긍정적인 면을 발견하는 능력이 더 뛰어나다고 한다. 반대로 풍족한 환경에서 자랐지만 가까운 곳에 있는 행복이나 일상의 소소한 행복을 깨닫지 못하고 좀처럼 만족하지 못하는 사람도 있다.

혹시 **다른 사람과 비교하며 '나는 불행해', '나는 아무것도 가진 게 없어'라는 생각이 들 때는 아래를 보지 말고 주위를 다시 한번 돌아보길 바란다.** 분명 좋은 점을 발견하게 될 것이다. 부정적인 면을 인식하고 있기에 더욱 긍정적인 면을 선명하게 느낄 수 있을 것이다.

액셀과 브레이크를
적절히 사용하자

　자동차에는 액셀뿐만 아니라 브레이크 또한 빠져서는 안되는 요소이다. 중요한 건 액셀과 브레이크를 착각하지 않고, 적절하게 사용하는 것이다. 이와 마찬가지로 **긍정적인 감정이나 부정적인 감정 모두 적절한 방법과 적절한 시기에 사용하는 것이 무엇보다 중요하다.**

　자기긍정감을 회복하기 위해서 긍정적으로 생각하는 것보다 사실 더 중요한 키워드가 있다. 바로 '안정감'이다.

경제 성장기 '꿈을 꾸던 세대'에서
버블 붕괴 후 'N포 세대'로

앞서 과도한 긍정적 사고는 위험하다고 이야기했다. 그러나 과거 일본은 극단적으로 긍정적 사고를 요구하던 시대도 있었다. 바로 경제 성장기이다.

제2차 세계대전과 전후 부흥기를 거쳐 고도 성장기를 맞이한 후 버블 경제까지 이어지는 일본의 경제 성장기에는 국력도, 경제력도 우상향하면서 사람들의 의욕도 충만하던 때였다.

버블 경제기에는 맹렬하게 일하는 기업의 전사들이 사회를 지탱했다. 그들은 노력한 만큼 결과로 보상받았고, 지위와 명예도 손에 넣을 수 있었다. 즉, 타인의 인정을 받을 기회가 많은 시대였다. 따라서 경제 성장기의 사람들은 상승 지향 의식이 강했고, 매사 긍정적일 수 있었다.

그러나 이러한 시대는 버블 붕괴와 함께 종말을 맞이하였다. 1989년부터 시작된 버블 붕괴 시대는 경제 성장이 정체되었고, 사람들은 무기력해졌다. 아무리 열심히 노력해도 다른 사람의 인정을 받기 힘들었다. 야근 수당도 없어지고, 승진은 더 어려워졌다. 월급은 제자리였던 반면 정리해고 가능성은 높아졌다. 점점 사람들은 승자와 패자 그룹으로 나뉘었다.

사회적인 인정이나 다른 사람의 인정을 받을 기회가 상실된 버블 붕괴 시대에 사람들은 내면의 평가 척도를 원하기 시작했다. 사람들의 관심은 '진정한 나 찾기', '좋아하는 일하며 살기', '나를 발견하고 깨닫기' 등으로 키워드가 변했다. 그리고 승자 그룹의 사람들은 긍정적으로, 패자 그룹에 속한 사람들은 부정적으로 변해 갔다. 심리적으로도 양극화가 심화되었다.

상처에 민감한
초예민 사회

최근 사회적으로 주목받는 키워드 중 하나가 'HSP^{Highly Sensitive Person}'이다. 이는 미국의 심리학자 일레인 N. 아론^{Elaine N. Aron}이 그의 책 『The Highly Sensitive Person』에서

처음 사용한 말로 감수성이 매우 예민하고, 주변 환경에 영향을 받기 쉬운 예민한 성격을 가진 사람을 말한다. 최근에는 '매우 예민한 사람'이란 말로 알려지고 있다.

개인적으로 일레인의 책을 읽었을 때 '완전히 내 이야기다!'라는 생각에 용기를 얻었다. 이 책을 읽은 독자 중에도 필자처럼 자신이 '예민한 사람'임을 절감한 사람이 많았을 것이다. 나는 앞으로 본인이 HSP임을 깨닫는 사람이 점점 더 늘어날 것이라 생각한다.

또한 분위기를 잘 읽어야 하는 사회이다. 학교에서도, 회사에서도, 심지어 가정에서도 모두 '분위기 파악을 잘해야 한다'는 생각이 지배적이다. 말 그대로 고맥락High-context 사회라 할 수 있다.

고맥락 사회란 미국의 문화인류학자 에드워드 홀Edward T. Hall이 제시한 개념으로 언어 외적인 표현에 의존한 커뮤니케이션 방법이 발달한 사회를 의미한다. 공통 인식 및 동일 문화적 인식을 공유함을 전제로 대화가 이어지거나, 말로 하지 않은 부분의 의도를 알아채는 능력이 요구된다는 특징이 있다.

좀 더 쉬운 말로 하면 분위기 파악을 잘하는, 눈치가 빠른, 행간을 읽는, 남의 마음을 헤아릴 줄 아는 사회를 말한다. 이제는 젊은 세대부터 장년층에 이르기까지 전 세대에서 통용되는 태도이다.

그리고 지금은 **'비난하기 쉬운' 사회이기도 하다.** SNS의 발달로 사소한 행동도 대중의 표적이 되기 쉽다. 개인이 익명으로 간편하게 게시물을 올릴 수 있기 때문에 가벼운 마음으로 비난의 댓글을 다는 사람들도 많다.

이러한 사회적 분위기가 만연해지자 '비난받을 여지를 주지 않도록 주의하자'는 사람들이 증가하고 있다. 사람들은 '상처받기 싫은 만큼 상처를 줄 여지를 처음부터 차단하자'는 생각을 바탕으로 행동한다. 이렇게 되면 결국 아무것도 하지 않는 게 최고라는 생각에 봉착하게 된다. 왜냐하면 아무것도 하지 않으면 실패도 하지 않고, 비난받을 일도 없기 때문이다.

회사에 방문객이 찾아와도 상사의 지시가 없는 한 나서

서 차를 접대하려는 직원이 없다고 한다. 괜히 솔선수범하여 접대하다가 아무 생각 없이 건넨 말에 꼬투리를 잡힐지 모르기 때문이다. 따라서 '아무것도 하지 않는 게 최선'이라고 믿는다. 그것이 비난받지 않기 위한 최고의 길이란 생각이 깊게 자리하고 있다.

이를 본 누군가는 기본 상식이 없다며 한탄할지도 모르지만, 이는 상식의 문제라기보다 세대 간 마인드의 차이라 할 수 있다. 그럼에도 '세대 차이'라는 한마디로 치부할 문제는 아니다.

아무것도 하지 않는 게 최선이라는 생각에 젖으면 '자기결정감'을 잃을 수 있다. 자기결정감이란 스스로 주체적으로 사안에 대해 결정을 내리고, 이에 대해 확신을 갖는 감정을 말한다. 즉, 자기결정감이 결여되어 있으면 스스로 어떤 사안에 관해 결정하지 못한다.

자기결정감이 없는 사람은 매사 '지시가 없으면 못하는' 사람이 된다. 따라서 "네가 하고 싶은 게 뭐야?"라는 질문을 받아도 대답을 어려워하고, SNS에서도 자신의 의견을 피력하지 못한다. 4장에서 자세히 이야기하겠지만, 이 자기결정감의 결여는 자기긍정감 구축과 상당한 관계가 있다.

그렇다면 어떻게 해야 '스스로 선택하지 못하는' 상태에서 벗어날 수 있을까? 이때 중요한 것이 '안정감'이다.

마음의 토양
'안정감'

 사람의 인체에서 가장 중요한 것이 무엇일까? 우리 신체를 움직이는 사령탑인 뇌? 물론 지금까지 뇌의 중요성과 흥미로운 특징에 대해 이런저런 이야기를 해왔다. 아니면 외부를 인지하는 관문인 눈과 귀? 혹은 손과 발? 이 책에서 몇 번 언급했던 면역력도 우리의 신체에서 매우 중요한 요소이다.

 그러나 정답은 바로 '혈액'이다. 인간의 신체는 혈액이 없으면 살아갈 수 없다. 심장은 우리 몸 곳곳에 혈액을 공급하고, 혈액을 통해 뇌에 산소를 공급한다. 혈액이 흐르기 때문에 몸의 여러 기관이 정상적으로 작동하는 것이고, 혈액이 흐르기 때문에 면역세포는 바이러스나 병원균에 맞서 싸우고 몸 밖으로 내쫓는 역할을 한다. 즉, 혈액은 인간의 몸에 필수 불가결한 요소이자 근간이다.

체내를 순환하는 혈액처럼 우리의 **마음에도 '토대'를 이루는 것이 있다. 그것은 바로 '안정감'이다.**

집을 지을 때는 먼저 토대부터 구축하기 시작한다. 토대없이 울퉁불퉁한 지면에 무턱대고 집을 지을 수는 없다. 만약 토대가 기울어지거나 기초 작업을 소홀히 한다면 집은 비뚤어지고 작은 충격에도 무너질 것이다.

마음의 토대인 '안정감'도 마찬가지이다. **우리의 마음, 특히 자기긍정감은 안정감이란 토대 위에 지어진다.**

'여기가 내가 있을 자리'라는 안정감
'나를 받아 주고 있어'라는 안정감
'누구도 나를 공격하는 사람은 없어'라는 안정감

안정감이 없으면 아무리 자기긍정감을 키우려 해도 비

틀거리고 불안해진다. 그리고 안정감은 단순히 긍정적 사고를 한다고 손에 넣을 수 있는 것이 아니다. 이 긍정적인 사고조차도 안정감이 있어야 성립된다. 즉 모든 것은 안정감이라는 기초 위에 구축된다.

안정감과
심리적 안전감의 차이

최근 경제 경영서 등에서 자주 보이는 단어 중에 '심리적 안전감psychological safety'이 있다. 심리적 안전감은 **자신의 언행에 대해 거절당하거나 비난받을 것이란 두려움과 공포가 없는 상태를 의미한다.**

심리적 안전감이 높은 환경에서는 '여기라면 내가 무슨 말을 해도 괜찮다'라는 안심감에 눈치 보지 않고 자신의 솔직한 생각이나 감정을 표현할 수 있게 된다. 이는 미국의 조직행동학자 에이미 에드먼슨Amy C. Edmondson이 주장한 개념으로 구글의 한 프로젝트에서 '강력한 팀의 조건' 중 하나로 들면서 대중에게 알려지기 시작했다.

안정감과 심리적 안전감은 모두 마음의 안정과 안전을 추구하기 때문에 서로 유사한 개념이란 생각이 든다. 그러나 두 가지 개념은 비슷해 보이나 큰 차이점이 있다. 순서대로 살펴보자.

심리적 안전감은 좋은 사람들과 함께하거나 괜찮은 주변 환경 등 **외부적 요인이 잘 갖춰졌을 때 얻을 수 있는 감정이다.**

예를 들어, 직원들 누구나 기탄없이 의견을 표출하는 회사가 있다고 해보자. '이 회사에서라면 내가 무슨 말을 해도 괜찮을 것 같아'라고 느끼는 감정은 조직의 환경 등 외부 요인에 의해 획득된 것이다.

'이 회사에서 일하는 동안 월급 300만 원을 받으니까 안정적인 생활이 가능할 거야'라는 생각도 마찬가지이다. 이 또한 회사라는 외부 요인에 의해 얻어진 감정이다. 이처럼 심리적 안전감은 외부로부터 형성된 감정을 말한다.

반면 안정감은 내부적 요인이다. '안정'은 나의 마음, 즉 내면에서 비롯되는 요소이다.

만약, 회사 동기 중 한 명이 상사에게 말끝마다 자기주장을 강하게 한다고 해보자. 그가 자유롭게 자기 의견을 피력하는 건 '심리적 안전감이 높은 직장에 다니기 때문'은 아닐 것이다. 왜냐하면 다른 사람들은 그렇게 하지 못하기 때문이다. 그 동기의 의견 피력은 좀 더 개인적인 안정감 덕분이라 할 수 있다. 즉, 있는 그대로 의견을 말할 수 있는 환경이 갖춰졌기 때문이 아니라, 그 사람 자체가 '여기서는 괜찮다'라고 개인적으로 해석하고 있는 것이다.

반대로 심리적 안전감이 갖춰진 회사임에도 본인의 안정감이 부족한 사람은 그 직장에 적응하지 못하는 경우도 있을 수 있다. 주변에 상담을 해도 '회사 분위기 좋은데 왜 그만두려는 거지?'라며 의아한 시선을 받을 뿐이다. **안정감은 눈에 보이지 않고, 본인 내면의 문제이기 때문에 말로 설명하기 어려울 때도 있다.**

이렇게 심리적 안전감과 안정감은 비슷한 듯 보이지만 전혀 다르다.

안정감을 키워 주는
세 가지 요소

안정감에서 중요한 건 객관적인 사실심리적 안전감이 아닌 주관적인 해석이다. 즉 **안정감을 만드는 건 주변의 요소가 아닌 나 자신이다.**

이 대전제를 바탕으로 안정감을 키우기 위한 세 가지 중요한 요소에 대해 알아보자.

(1) 마음의 안식처 만들기

안정감을 만들기 위한 첫 번째 방법은 마음의 안식처를 만들어 두는 것이다. 자신에게 안정과 안전한 조직을 만들면 안정감은 커진다. 또는 마음의 안식처 역할을 해 주는 사람도 좋다.

안식처라 할 만한 곳이 하나도 없다면 매사 마음을 놓지 못하고 마음이 휴식을 취할 수 없다. 주변이 온통 적으로 보이기도 하고, 원인을 알 수 없는 불안감에 휩싸여 안정감과 먼 생활을 하게 될 것이다.

지금 우리는 소속감을 느끼기 어려운 사회에 살고 있다. 사회 조직도 이전에 비해 유동적으로 변했고, '이 회사에서 일하면 안심이야' 혹은 '이 회사 사람들과 있으면 너무 편해' 같은 강한 소속감이 없어졌고, 지역의 연대감도 희박해지고 있다. SNS의 발달로 커뮤니티의 수나 종류, 접근성은 급증한 반면, 연결성을 강화시켜 주는 커뮤니케이션은 줄어들고 있다. **그렇기에 더욱 '소속감'을 찾으려는 적극성이 중요하다.** 수동적인 자세로는 언제까지고 불안감을 없앨 수 없다. 그렇기에 취미 모임을 만들거나 무언가를 배우기 위해 나서거나, 연락이 끊긴 친구들에게 연락해보는 것도 좋은 방법이다.

소속감을 원하는 건 상대도 마찬가지일 것이다. 스스로 마음을 열고 동료를 찾는다는 마음으로 소속감을 만들어 보자.

(2) '세계는 넓고 인생은 길다'는 의미 깨닫기

안정감을 키우는 두 번째 방법은 '세상은 넓고 인생은 길다'는 의미를 깊이 이해하는 것이다.

2023년 3월 열린 WBC월드 베이스볼 클래식에서 일본 야구 팀의 최연장자였던 다르빗슈 유 선수는 좀처럼 안타를 치지 못하는 동료 선수에 대한 질문을 받았다. 그는 "성적의 부침을 신경 써 봤자 달라지는 건 없습니다. 삶이 더 중요하기 때문에 야구 정도로 낙심할 것 없습니다."라는 꽤 인상적인 인터뷰를 남겼다. 뿐만 아니라 "야구는 정말 인생의 일부이기 때문에 그 전에 진정한 한 인간으로 잘 살아가는 게 중요하다고 생각합니다."라는 말을 하기도 했다.

야구든 축구든 일본에서는 국가대표 선수들의 경기에는 '절대 물러설 수 없는 싸움'이라는 말을 자주 사용한다. 선수들은 그만큼 막중한 책임과 압박에 노출된다. 그러나 다르빗슈 선수는 대회 기간 중 이에 반하는 발언을 해 눈길을 끌었다.

짧은 야구 인생에 얽매이지 않고 긴 안목으로 자신의 삶을 소중하게 여기며, 선수 이전에 한 인간으로서 삶의 소중한 가치를 지키려는 자세야말로 안정감을 키우는 열쇠이다. 다르빗슈 선수처럼 **인생을 하나의 측면, 특정 시간, 한 부분만 보지 않길 바란다.**

이는 우리의 일상생활에도 적용할 수 있다. 가령 '이번 일 좀 못했다고 해도 괜찮아. 그저 일이잖아', '아이가 밥을 잘 먹지 않아도 괜찮아. 뭐 이런 날도 있는 거지.'라고 생각하는 것처럼 말이다.

'세상은 넓고, 나에게 중요한 것은 더 많다.'
'만약 이번에 안되더라도 다음 기회가 있어.'
'이걸로 인생이 끝난 것도 아니잖아.'

이렇게 생각하는 자세가 습관이 되면 긴장이 풀리고 강한 안정감이 뿌리내린다. 반대로 '이번 일이 안되면 난 끝이야'라는 자세는 자신을 궁지로 내몰 뿐이다. 초조, 자기혐오, 불안, 공포 등의 부정적인 감정이 마음을 지배하게 된다. 이런 태도로 일이 잘 풀릴 리 없다.

실패를 과도하게 두려워한다면 이는 시야가 좁아졌다는 신호이기도 하다. 세상을 넓게 보지 못하고 자신의 주변에서 일어나는 일만 보기 때문에 안정감이 약화되고 실패를 두려워하게 되는 것이다.

이럴 때는 심호흡을 한번 하고 하늘을 올려다보자. 새들의 노랫소리에 귀를 기울이고, 천천히 흐르는 시간에 몸을 맡겨 보자. 우리가 사는 세계는 이 지구의 1%에 지나지 않을 정도로 좁다. 좁은 사고에서 벗어나면 새로운 것들이 보이고, 거기서 새로운 기회를 발견하게 된다. 다른 길을 발견하는 건 누구에게나 가능하다. 인간의 가능성은 모두에게 무한하게 주어진다.

그리고 설령 아무리 큰 실수를 하더라도 인생은 그렇게 쉽게 끝나지 않는다. 실패한 후에도 인생은 계속된다. 이러한 경험을 쌓으면서 '다른 길도 있구나', '이걸로 인생이 끝나지 않는구나'를 실감하게 될 것이다.

(3) 사람을 신뢰하기

안정감을 키우는 세 번째 방법은 사람을 신뢰하는 것이다.

사람과 사람 사이의 연대가 약해져서일까. 좀처럼 타인에게 기대지 못하고 항상 자기 혼자 어떻게든 해결하려는 사람이 많아졌다. 자신의 힘으로 난관에 맞서 노력하는 자세 자체는 훌륭하지만, 이 때문에 주변에서 받을 수 있는 도움을 발견하지 못하는 사람들도 많다. 무엇보다 정직하게 혼자 힘으로 해결하려는 사람일수록 우울해지거나 정신적으로 지치기 쉽다.

누구의 도움도 빌리지 않고, 뭐든지 혼자 힘으로 해결하려고 하는 것 또한 안정감이 부족한 사람 특유의 행동 양식이다. 주변에 기대는 것을 약해 빠진 행동이나 어리광이라 생각하고, 주변에 기대면 자신의 평가가 낮아질 것이라 오해한다.

괜찮다. 좀 더 사람에게 기대도 된다. 인간은 기대기도 하고 받아주기도 하며 살아가는 사회적 동물이다. 타인에게 기대는 것이 나쁜 일만은 아니다.

필자 또한 일로 고민이 생기거나 스트레스가 쌓였을 때는 바로 주변에 도움을 요청하는 편이다. 그리고 개인 사정이 있을 때는 주변에 일을 맡아줄 것을 부탁한다. 나의 부탁을 사람들이 잘 이해해 주는 만큼 나도 다른 사람이 부탁할 때는 있는 힘껏 도우려고 한다.

혼자 힘으로 불가능할 때에는 다른 사람에게 기대도 괜

찮다. 주변에 나를 도와줄 사람 한 명쯤은 반드시 있다. 좀 더 주변 사람의 친절에 신뢰를 갖고 의지해보길 바란다. **'의지해도 괜찮다'라는 사실을 깨달으면 안정감이 더욱 단단해질 것이다.**

  안정감을 키우기 위해서 중요한 요소 세 가지에 대해 알아보았다.
  안정감은 우리의 내면에서 자라난다. 그렇다고 바로 눈으로 확인할 수 있는 감정은 아닐 수도 있다. 조급해하지 말고, 한걸음 한걸음 일상생활 속에서 여유를 갖고 안정감을 길러 보자.

안정감을 키우는
두 가지 영양제

2장에서 자기긍정감을 향상하는 최고의 영양제로 '감사합니다'라는 말버릇을 소개했다.

'감사합니다'라는 말을 하면 할수록 자기긍정감이 올라가는 것처럼 안정감에도 영양제가 있다. 안정감을 키워 주는 말버릇 두 가지를 알아보자.

(1) "알고 있어"
병원에서 큰소리로 우는 아이의 모습만큼이나 성인이 되어서도 주사 맞기를 꺼리고 무서워하는 사람들이 많다.

주사에 대한 두려움이 있는 사람들에게 **"알고 있어. 주사가 무섭다는 거 알고 있어."**라는 말버릇을 추천한다.

주사를 맞기도 전부터 우는 아이가 있다면 "자, 주사 알고 있지? 긴장되고, 아프다는 걸 알고 있지?"라고 옆에서 계속 말해줘 보라. 그러면 생각보다 덜 아파한다. 신기하게도 나에게 상담을 받으러 온 사람 중에는 어린아이부터 성인까지 모두 이 말에 효과를 보았다.

그 이유는 아프다든지 무섭다든지 하는 감정을 인정하고, 이미 알고 있는 감정을 미리 느낌으로써 몸이 이완되기 때문이다. 그러면 바늘이 별로 아프지 않고 따끔하게 느껴지거나 통증이 완화되기도 한다. 따라서 '생각보다 괜찮네'라는 생각이 드는 것이다.

반대로 '무서워!'라는 감각만 생각할 때는 몸이 경직된다. 눈을 꽉 감아 버릴 때의 몸 상태를 상상하면 이해하기 쉬울 것이다. 몸이 경직되면 통증이 증가하고, 피로가 누적된다.

일례로 필자의 내담자였던 피겨스케이팅 선수는 점프를 뛸 때마다 넘어지는 일이 잦아 경기에서 좋은 점수를 얻지 못하고 있었다. 그녀에게도 시합 때 "나는 점프를 잘 못 뛰는 걸 알고 있어. 내가 대회에서 넘어지는 건 흔한 일이야."를 말로 해보라고 주문했다. 이 말버릇을 습관으로 만든 그녀는 놀랍게도 본 시합에서 점프 성공률이 극적으로 올라갔다.

'나는 점프를 잘못해'라니. 언제는 긍정적인 말을 하라더니, 이번엔 정반대 방법을 추천해 어리둥절할 것이다.

그녀는 어떻게 점프 성공률이 올라갔던 것일까? 포인트는 바로 '**불안감 통제**'이다. 또 넘어질지 모른다는 불안감을 강하게 안은 채 점프를 뛰면 당연히 몸도 마음도 긴장해서 좋은 결과를 얻기 힘들다. 이때 내가 못하는 부분을 인정하고, 그런 나를 '알고 있음'을 선언하는 것이다. **그렇게 되면 모든 것이 '이미 아는 것', 즉 '내가 통제할 수 있는 것'이 되고, 불안감과 긴장감은 훨씬 줄어든다.**

매사 긍정적으로 생각하거나 부정적으로만 생각하는 것이 아니라 있는 그대로 받아들이는 것. **현재 자신의 상태를 그대로 받아들이는 것.** 이것이 '알고 있어'라는 말버릇의 힘이다.

프레젠테이션 직전에 손이 덜덜 떨릴 정도로 긴장될 때는 "어차피 긴장될 거 알고 있어."라고 말해보라. 점점 몸에 긴장이 풀리고, 실패에 대한 두려움을 극복할 수 있을 것이다. 혹은 시험 당일이나 수술 당일, 불안감이 밀려오면 "지금 나는 불안해, 알고 있어."라고 자신의 목소리로 말하고, 불안한 감정을 있는 그대로 인정해보자.

"알고 있어"라는 말은 우리에게 안정감을 만들어 주는 열쇠 중 하나이다.

(2) "괜찮아"

앞서 "알고 있어"라는 말에서도 알 수 있듯이 안정감을 주는 말버릇은 스스로를 격려하는 말이 아니다.

"힘내!", "기운 내", "잘할 수 있어" 등의 격려하는 말은 긍정적 사고의 유형이다. 이 방법으로 극복되기도 하지만, 스스로를 옥죄거나 쓸데없는 초조함을 유발하는 부작용도 있을 수 있다.

안정감을 가져다주는 말버릇은 긴장한 나를 달래 주고,

딱딱하게 굳은 나의 몸을 마사지해 주는 말이다. 실패한 나를 위로해 주는 말, 불안감에 휩싸인 나를 위로하는 말, 초조한 나를 달래 주는 말이 안정감을 가져다준다.

여기서 소개하는 말버릇은 "괜찮아"이다.

불안감만이 가득할 때 '불안해도 괜찮아.'
이직을 고민하고 있을 때도 '잠깐 쉬어 가도 괜찮아.'
업무 중 큰 실수를 했을 때도 '실수해도 괜찮아.'
울고 싶을 때는 '울어도 괜찮아.'

이렇게 자신의 솔직한 감정에 "괜찮아"라고 긍정의 사인을 보내자. 즉 내가 나를 허락해 주는 것이다.

앞장에서도 말했듯이 뇌는 **'누가 말했는지', 즉 화자를 구별하지 못한다. 우리가 입으로 내뱉은 "괜찮아"를 있는 그대로 받아들이는 것이 우리의 뇌이다.**

여러 상황에서 "괜찮아"를 말버릇처럼 사용하다 보면 '있는 그대로의 내 모습 괜찮아', '여기 있어도 괜찮아', '나는 가치가 있는 사람이야' 같은 안정감이 쑥쑥 자라나게 된다.

안정감이 가져오는
선순환

안정감이 있으면 우리 인생은 어떻게 바뀔까?

앞서 이야기했듯 요즘 젊은 세대 중에는 아무것도 하지 않으려는 사람들이 늘고 있다.

'굳이 필요 없는 일을 해서 밉보이지 말자'는 생각은 **쓸데없는 일은 아무것도 하지 않는 게 더 낫다고 판단하게 만든다.** 앞장서서 능동적으로 일을 하기보다 상사의 지시를 기다리는 사람이 많아진 이유이다.

이것이 습관이 되면 우리 마음속 '자기결정감'이 사라진다. 자신의 인생과 일은 스스로 결정해야 한다는 인식이 희박해지고, 주변의 흐름에 결정을 맡기는 사람으로 변해간다.

어째서 이런 수동적인 감정이 젊은 세대의 행동 원칙으로 자리 잡게 되었을까? 이 지점이 바로 안정감이란 키워드의 연장선이다. 본인 마음에 안정감이 없기 때문에 매사 '괜히 나서서 밉보이는 거 아닐까?', '비웃음만 당하는 거 아니야?', '가만히 있으면 중간이라도 가는 거 아닐까?' 등의 불안감에 휩싸이는 것이다.

반대로 말하면 **마음속에 안정감만 있다면 '적극적인 사람'이 될 수 있다.** 회사에서든, 이직을 해서든, 연애든, 학업이든 스스로 나서서 하는 사람이 될 수 있다. 즉 스스로 결정할 줄 아는 사람이 될 수 있다. 그 이유는 **실패에 대한 두려움이 사라지기 때문이다.**

예를 들어, 늘 회사 일로 정신없이 바쁜 가운데 일에서 보람도, 의미도 찾지 못하는 상태라고 해보자. 이때 마음속의 안정감이 없으면 아무런 대책을 세울 수 없다.

이직을 하고 싶어도 '나를 받아 줄 곳이 없으면 어쩌지?', '이직해도 지금과 달라지는 게 없으면 어쩌지?', '이직한다고 거기가 더 나으리란 법이 없잖아.' 등 이런저런 불안감에 사로잡혀 결국 '아무것도 하지 않는 선택'을 한다.

아무것도 하지 않는 상태는 그대로 두면 저절로 나아지지 않는다. 점점 악화될 뿐이다.

그러나 '무슨 일이 있어도 난 괜찮아'라는 마음속에 안정감이 있으면 실패에 대한 두려움이 점차 사라진다. 적극적으로 이직할 회사를 찾아 나서고, 아무리 바빠도 시간을 내서 구직 활동에 힘을 쏟아 자신에게 더 잘 맞는 회사를 발견할 것이다.

이처럼 **마음에 안정감이 있으면 '아무것도 하지 않는다'는 선택지는 사라진다.** 이는 자신의 인생을 스스로 결정하는 것의 연장선이다. 아무것도 하지 않는 사람보다 삶의 만족도 또한 훨씬 높을 것이다.

또 한 가지 안정감이 가져다주는 효과가 있다. 그것은 **주변 환경과 상관없이 내가 주체가 되어 주위에 휩쓸리지 않게 된다.**

안정감이 있으면 자신의 속마음을 그대로 드러내도 된다는 믿음이 생겨 필요 이상으로 주변의 눈을 의식하지 않게 된다. 새로운 학교로 전학을 가게 되든, 회사에 처음 입사하든, 혹은 이직이나 결혼 등과 같은 인생의 큰 변화 앞에서도 자신의 본연의 모습을 잃지 않는다.

있는 그대로의 나를 숨기지 않으면 스트레스가 사라진다. 심리적으로 압박을 느끼거나 다른 사람과 비교하는 등의 버릇도 사라진다. 자유롭게 행동할 수 있게 되면 매사 스스로 최고의 퍼포먼스를 구사할 수 있게 된다.

행복의 토대에는 자기긍정감이 있다. 그리고 자기긍정감을 이루는 토대는 안정감이다. 이런 자기긍정감, 안정감 모두 매일 약간의 말버릇 훈련으로 키울 수 있다.

어렵게 생각할 필요 없이 자기긍정감과 한 세트로 몸에 익혀야 할 안정감을 말버릇 훈련을 통해 키워 보길 바란다.

자기긍정감의 6요소

- 자존감(Be) : 세상에 나올 때부터 존중받아야 할 인간으로서의 가치이다.
- 자기수용감(OK) : 자신의 장단점 모두를 있는 그대로 받아들이는 마음이다.
- 자기효능감(Can) : 자신의 능력이나 가능성을 믿어주는 마음이다.
- 자기신뢰감(Trust) : 자신을 믿고, 자신을 의지하는 마음이다.
- 자기결정감(Choose) : 자신의 인생을 스스로 결정하는 마음이다.
- 자기유용감(Able) : 자신은 세상에 꼭 필요한 존재이며, 세상에 공헌하고 있다고 생각하는 마음이다.

Chapter 04

자기긍정감의 메커니즘

자기긍정감이란 무엇인가

지금까지 자기긍정감을 '마음의 면역력'이라 설명했다. 마음에 상처를 입었을 때 그 상처를 치유해 주는 것, 마음이 감기에 걸렸을 때 원래 상태로 되돌려주는 것이 바로 자기긍정감이다. 자기긍정감은 우리 누구나 본래 갖고 있는 것으로 약간의 습관, 즉 말버릇으로 충분히 회복할 수 있다.

4장에서는 행복한 인생을 보내기 위해 필수적인 자기긍정감을 여섯 가지 관점에서 알아보자. 이론을 배우고 '말버릇'을 실천하면 더 효과적으로 자기긍정감을 키울 수 있을 것이다.

자기긍정감을
구성하는 6요소

자기긍정감이라는 단어는 원래 심리학 용어인 'self-esteem'이 번역되는 과정에서 만들어졌다. 이 분야의 일인자로 미국의 심리학자 윌 슈츠Will Schutz 박사는 자기긍정감에 관해 '스스로를 자랑스럽게 생각하고, 타인으로부터 충분히 인정받고 있다는 자부심과 자존감'이라고 말한다. 또 일본의 심리학자 중에는 자기긍정감을 '자신에 대해 긍정적이고 좋게 생각하는 태도나 감정'이라 정의하는 이도 있다.

분명 이러한 정의는 '자기긍정감이란 무엇인가'를 설명하기에 충분한 말이다. 그러나 자기긍정감이 무엇으로 성립되는지, 어떻게 하면 손에 넣을 수 있는지의 관점에서 보자면 살짝 부족한 부분이 있다.

그래서 필자는 다양한 문헌과 실제 상담 현장에서의 경

험을 바탕으로 자기긍정감을 구성하는 요소를 다음 여섯 가지로 분류했다.

- 자존감
- 자기수용감
- 자기효능감
- 자기신뢰감
- 자기결정감
- 자기유용감

위의 6요소는 자기긍정감이라는 '마음의 면역력'을 지탱하는 요소로서 서로 연결되어 있다. 이 중 하나라도 없으면 자기긍정감은 만들어지지 않고, 이들의 균형이 깨져도 자기긍정감은 형성되지 않는다. 이들은 모두 자기긍정감을 형성하는 데 중요한 요소이다.

각각의 접근법을 살펴보자.

먼저 '자존감'을
정비하자

자존감을 이해하기 위한 키워드는 영어 'Be'이다.

Be동사는 'My name is Teru.' 혹은 'You are beautiful.'의 예시처럼 존재나 상태를 나타낸다. 비틀스의 명곡 〈Let it be있는 그대로 두라〉 제목이 정확하게 이에 부합된다.

필자는 자존감을 설명할 때 Be동사를 항상 예로 든다. 자존감은 **'나'라는 사람이 있는 그대로, 그저 그곳에 존재하는 것만으로 가치가 있다고 생각하는 상태**를 말한다. 지위나 명예, 능력과 상관없이 태어날 때부터 우리가 갖고 있는 가치이다.

이는 '기본적 인권'과 가까운 개념이라고 할 수 있다. 기본적 인권이란 태어날 때부터 가지고 있는 권리로, 누구도 침해할 수 없는 권리를 의미한다. 갓 태어난 아기든, 사회 구성원으로 활발하게 일하는 청년이든, 은퇴를 한 고령자이든 누구에게나 평등하게 주어진 권리이다.

이 기본적 인권이 의미하듯이 우리는 태어날 때부터 인

간으로서 존중받아야 할 가치를 가지고 태어났다. 일을 잘하든 못하든, 잘생겼든 그렇지 않든 상관없다. 태어날 때부터 모든 사람은 저마다의 가치가 있다.

여러분은 좀 더 자신을 존중하는 '자존감'을 가져도 좋다. 여기엔 어떤 조건도 붙일 필요가 없다.

2018년 일본 내각부는 일본, 한국, 미국, 영국, 독일, 프랑스, 스웨덴 7개국의 만 13~29세를 대상으로 자신에 관한 의식 조사를 실시했다.

일본을 제외한 6개국의 젊은이들은 '스스로에게 만족한다', '만족하는 편이다'라는 긍정적인 답변이 70%를 넘었다. 가장 높았던 미국은 87%가 자신에게 만족하고 있다고 답했다. 반면 '스스로에게 만족한다'라고 답한 일본인은 10.4%에 그쳤다. '만족하는 편이다'는 34.7%였으며, 만족하지 못한다고 답한 사람은 55%에 달했다. 같은 동양권인 한국과 비교해도 한참 낮은 수치이다. 이 밖에 '스스로에게 장점이 있다고 생각한다'고 답한 사람도 16.3%로 일본이 가장 낮았다.

⟨7개국 젊은층 의식 조사⟩

① 나는 스스로에게 만족한다

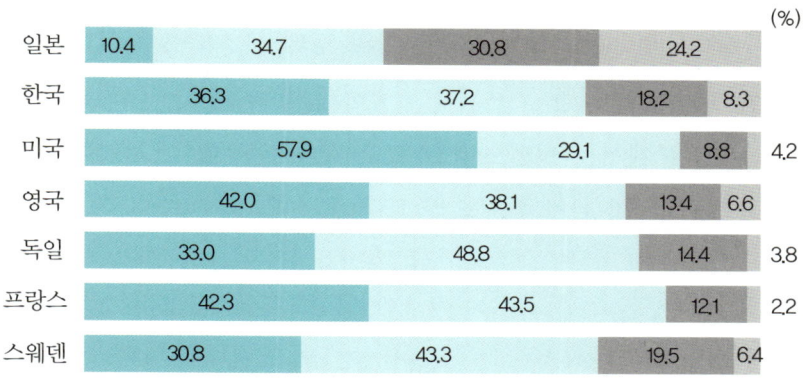

② 스스로에게 장점이 있다고 생각한다

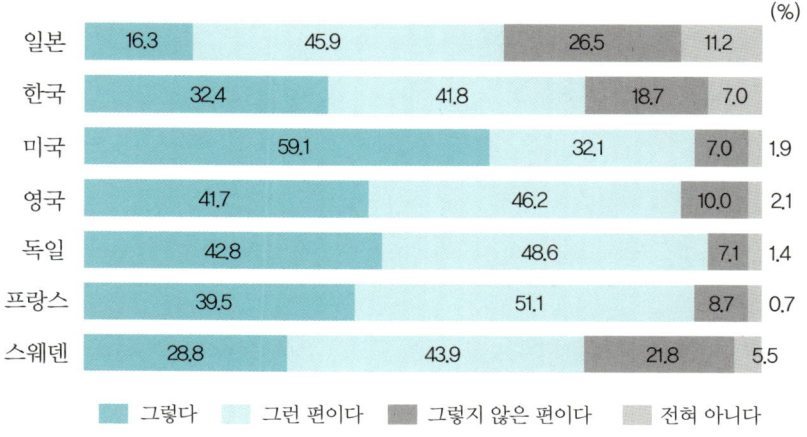

* 내각부 『일본과 다른 나라의 젊은층 의식조사(2018)』 제2부 p.8 발췌

일본의 젊은 세대는 자존감이 심각하게 낮다는 것이 데이터로 증명된 셈이다. 비록 젊은 세대를 대상으로 한 조사이지만, 젊은 세대는 윗세대의 그림자를 보며 자라며 사회의 분위기를 누구보다 민감하게 받아들인다. 그렇다면 일본에서는 성인도 '스스로 만족하지 못하는' 사람이 많을 것이라 쉽게 추측해볼 수 있다.

'자존감'을
올리는 스텝

지금 나의 자존감은 어떤 상태인지 간단하게 체크할 수 있는 방법이 있다. 여기서 핵심은 아침에 일어나 거울을 봤을 때 가장 먼저 떠오르는 말이다.

자존감

체크 방법

우리가 아침에 처음 눈을 떴을 때는 자연 그대로의 상태로서, 자신의 존재에 관한 무의식적인 생각이 반영된다.

'오늘도 기분 좋은 하루!', '푹 잤더니 안색이 좋네!' 등 긍정적인 생각이 떠오른다면 자신의 존재를 인정하고 있다는 신호이다. 반대로 **'푸석하네', '회사^{학교} 가기 싫다' 등 부정적인 감정이 먼저 떠오른다면 자존감이 낮아지고 있다는 신호**라 할 수 있다.

이럴 때는 말버릇의 힘을 빌려 자존감을 회복해보자. "이대로 충분해!", "나는 나야!", "오늘도 잘할 거야."라고 거울 속의 나에게 말해보자. 이를 매일 습관화하면 자존감이 충만한 상태를 지속할 수 있다.

자기긍정감의
기초가 되는 '자존감'

자존감이 높다는 건 매사 '자신의 가치'를 인정하고 스스로 자부심을 갖고 있는 상태를 말한다. 그렇다면 이렇게 생각해보면 어떨까? **다른 사람과 비교할 필요가 없는 상태**라고 말이다.

자존감이 높으면 누군가를 부러워한다거나 다른 사람의

능력이나 스펙, 배경 등과 비교하며 괴로워하지 않는다. 따라서 진심으로 자신을 칭찬하고 응원할 수 있다. 이렇게 되면 인간관계도 원만해진다. 또한 항상 마음이 충만한 상태이므로 삶에서 행복을 찾을 수 있다.

반대로 자존감이 낮으면 스스로의 존재 가치를 인정하지 못하고, 다른 사람의 인정을 갈구하는 인정욕구가 강해진다.

SNS에서 '좋아요'에 목을 매거나 팔로워 수를 늘리기 위해 숫자에 집착하는 것이 바로 그 예이다. 다른 사람과 습관적으로 비교하기 때문에 눈에 보이는 숫자에 일희일비하는 것이다. 무엇을 해봐도 공허함이 채워지지 않은 하루하루를 보낸다. 이런 상태는 마음을 불안정한 상태로 만들고, 상처에 민감한 부정적인 사고로 치닫게 한다. 이로 인해 인간관계에서 문제가 발생하곤 한다.

자존감은 자기긍정감의 토대를 이루는 첫 번째 요소이다. 자존감이 튼튼하게 뿌리내리면 자기긍정감도 흔들리지 않으며, 우리 마음속에서 튼튼하게 자라게 된다.

세 가지 말버릇 습관으로 '자존감' 키우기

❶ 이대로도 충분해!

❷ 나는 나야!

❸ 오늘도 잘할 거야!

'자기수용감'을
올리는 스텝

 자기수용감은 자신의 긍정적이고 부정적인 면 모두를 받아들이는^{수용하는} 감정을 말한다.

 이를 나타내는 **핵심 키워드**는 'OK'이다. 장단점을 포함해 '이게 나야', '이것으로 OK'라고 받아들이는 마음이다.

사소한 일에
일희일비하지 않기

 자기수용감은 왜 필요한 것일까? 특히 '나의 부정적인 면을 수용하는' 부분에서 고개를 갸웃하는 사람도 많을 것이다. 이에 따르면 잘하지 못하는 것이 있다 하더라도 그대로 '이걸로 OK'라고 받아들이는 것이기 때문이다.

앞서 설명한 자존감은 우리가 태어날 때부터 갖고 있는 가치와 관련되어 있다고 설명했다. 자신이 어떤 사람이건 세상에 태어났다는 그 이유만으로도 존중받아야 할 존재다. 이는 자기긍정감의 근간을 이루는 감정이다.

한편 자기수용감은 조금 더 '나'에 관해 알고 그런 자신을 있는 그대로 수용하는 감정이다. 친구에게 다정한 나도 있는가 하면, 시간 약속을 잘 지키지 못하는 나도 있을 수 있다. 일을 잘하는 날도 있는가 하면, 치명적인 실수를 하는 날도 있는 것이다.

이런 긍정적이고 부정적인 면 모두를 직시하고 자신에게 OK 사인을 보내 주는 것이다. 즉 **자존감이 '인간으로서의 나'에 초점을 맞추는 개념이라면, '개인으로서의 나'에 초점을 맞추는 것이 자기수용감이라 할 수 있다.**

이런 자기수용감이 있으면 실패나 스트레스에 강해진다. 가령 일이 잘 풀리지 않는 날이라도 '이런 날도 포함해서 다 나니까', '한번 실수했다고 위축될 필요 없어'라고 생각하고 넘길 수 있다. 왜냐하면 자신의 좋은 면과 좋지 않은 면 모두 알고 있기 때문이다. 중요한 순간에 실수를 하는 나, 끝맺음에 약한 나를 모두 알고 있으며 '이런 나'를 있는 그대로 받아들이고, OK 사인을 보내 줄 수 있기 때문이다.

이러한 실패나 스트레스에 강한 것을 심리학에서는 **회복탄력성**resilience이라고 한다. 회복탄력성이란 사회적으로 불리한 위치나 상황에 놓이거나 극도의 스트레스에 노출되었을 때 이를 극복하는 힘을 말한다.

단 한번의 실패로 '이제 끝이야'라며 한없이 추락하는 사람이 있다면, 이는 성격의 문제라기보다 회복탄력성이 약하기 때문일 수 있다. 학업, 일, 연애에서 실패를 겪더라도 그것으로 세상이 끝난 것은 아니다. 무슨 일이 있어도 내일의 해는 뜨고, 인생은 계속된다.

자기수용감과 이에 토대가 되는 회복탄력성은 실패하지 않기 위해서가 아니라 실패를 해도 이를 극복하기 위해 필요하다.

나를
사랑하기

좋든 싫든 우리는 인생에서 수많은 역경을 헤치고 살아가야 한다. 한 가지 역경을 극복하더라도 다른 역경이 기다리고 있고, 이를 극복해도 또 다른 역경으로 고민하는 것이 인간이다.

미국 국립과학재단NSF에 따르면 인간은 하루에 1만 2,000~6만 번의 생각을 한다고 한다. 그리고 이 중 80%인 약 9,600~4만 8,000번은 부정적인 생각을 한다고 밝혔다.

즉, 나의 좋은 면만 인정한다면 우리 생각의 고작 20%만 수용하고 있다는 말이 된다. 이렇게 되면 자기수용감이 생길 리 없다. 나의 나쁜 점, 미운 점, 싫은 점, 부정적인 나까지 모두 받아들여야 한다. 이것이 바로 진정한 자기수용감이며 자기긍정감을 키우기 위해 중요한 태도이다.

만약 '어쩌자고 그렇게 한 거야?'라며 스스로 위축되고 있거나 '이것으로 눈 밖에 나면 어쩌지'라며 지나치게 다른 사람을 신경 쓰고 있다면 이는 자기수용감이 낮아졌다는

신호이다.

우선은 '일단 OK!', '뭐 괜찮아', '됐어, 좋아' 등의 말버릇을 적극적으로 사용해 자기수용감을 조금씩 올려보자.

그리고 3장에서 소개한 "알고 있어"라는 말버릇도 자기수용감을 키우는 데 도움이 된다. "알고 있어"는 있는 그대로의 나를 받아들이는 말버릇이다.

나쁜 일이 일어났을 때는 "그래. 알고 있어, 알고 있어", "괜찮아, 어차피 알고 있었잖아."라고 입 밖으로 소리를 내보자.

누구나 있는 그대로의 자신을 좋아하기란 힘든 법이다. 그렇다면 **단번에 '있는 그대로의 나 사랑하기'를 목표로 세우는 것보다 '나를 미워하지 않기'를 목표로 세우는 것도 좋은 방법이다.**

자기수용감은 '이런 나도 나쁘지 않잖아. 미워하지 않아'라고 받아들이는 감정이다. 말버릇에 기대어 자기수용감을 높여 보자.

세 가지 말버릇 습관으로 '자기수용감' 높이기

❶ 일단 OK!
❷ 뭐 괜찮아.
❸ 알고 있어.

'자기효능감'을
올리는 스텝

자기효능감을 이해하기 위한 키워드는 'Can'이다.

'I can do it. 나는 할 수 있다'처럼 스스로 **해낼 수 있다고 믿는 감정이 자기효능감이다.**

'역경'에

맞서는 나

만약 처음으로 프로젝트 리더를 맡게 되었는데 '어쩌지, 내가 할 수 있을까. 다들 나한테 실망하면 어떡하지'라며 불안에 떨 것인가? 아니면 '좋아. 맡은 이상 최선을 다해서 성공해 보이겠어! 나라면 할 수 있어'라며 성공하는 이미지를 그려 볼 것인가?

상상은 현실을 바꾸는 힘을 가지고 있다. 강하고 선명하게 그릴수록 실현될 가능성은 크게 올라간다. 따라서 위의 예에서 실제로 프로젝트를 성공시킬 가능성이 높은 사람은 후자임에 틀림없다.

이것이 바로 자기효능감의 힘이다. '할 수 있다'고 생각하는 자기효능감은 성공을 불러온다. 그 어떤 역경이 찾아와도, 한 치 앞을 알 수 없는 미지의 도전 앞에서도 '할 수 있을지도 모른다'라는 근거 없는 자신감이 생긴다.

'이렇게 하면 어떨까?'
'이렇게 하면 되지 않을까?'

이렇게 여러 아이디어가 떠오르면서 도전 자체를 즐기게 된다. 이것이 자기효능감이 높은 상태이다.

반대로 자기효능감이 낮아지면 도전 앞에서 한없이 작

아지고 위축된다.

'어차피 나는 안될 거야.'
'안되면 어쩌지.'

점점 '어차피 안될 텐데 꼭 해야 할까', '실패하면 평가를 잘못 받을 텐데, 하기 싫다' 등 도전이나 행동 자체를 피하게 된다.

스몰 스텝으로
자기효능감 키우기

자기효능감은 어떻게 높일 수 있을까? 그 열쇠는 바로 '스몰 스텝 small step 의 원리'에 있다.

스몰 스텝의 원리는 미국의 심리학자 버러스 프레더릭 스키너 Burrhus Frederic Skinner 가 주장한 개념으로 성취하고자 하는 목표를 위해 해야 할 일을 잘게 쪼개는 것을 말한다.

잘게 쪼갬으로써 하나씩 해결하는 데 용이하고, 나아가

하나의 작은 목표를 해낼 때마다 '할 수 있다!'는 성취감 또한 얻을 수 있어 지속적인 동기 부여에도 도움이 된다.

'할 수 있다!'는 성공 체험이 축적되면 더 큰 목표를 앞에 두었을 때에도 '나라면 할 수 있을 거야'라는 근거 없는 자신감, 즉 자기효능감을 형성해 준다.

그러나 처음부터 너무 큰 목표를 이루려고 하다 보면 시작부터 좌초될 위험이 있다. **너무 높은 벽을 올려다보면 '나는 어차피 안될 거야'라는 목소리가 머릿속을 떠다니며 우리의 발목을 붙잡는다.** 성취의 기쁨이나 성취한 후의 감동, 자신의 성장 등을 느끼기 어렵기 때문에 도중에 의지가 꺾여 버리는 경우도 있다. 그러다 행동할 기력 자체를 잃게 된다.

자기효능감에 대해 한 가지 주의해야 할 점이 있다. 자기효능감은 '해냈다!'는 성공 체험을 축적하면서 만들어지는 힘이다. 즉 경험을 통해 축적된 힘이다. 다만, 여기서 말하는 경험이란 '정해진 일'이나 '정해진 방식'에 한정된 것은 아니다.

예를 들어, 도시에서 많은 경험을 쌓고 자기효능감이 높아진 사람이 지방으로 발령을 받았다고 생각해보자. 이때 자기효능감이 높은 사람은 '여기 와서 이런 경험을 할 줄 전혀 생각 못했어. 난 못할 거야'라며 낙담하는 대신 '발령이 지방으로 나든 더 먼 곳으로 나든 설령 해외라 해도 지금껏 쌓아 온 성취 경험은 그대로야. 경험이 있든 없든 할 수 있어!'라고 믿는다. 이런 마음이 스스로를 성장시키고 새로운 세상으로 통하는 활로를 열어 준다.

이런 본질적인 자기효능감을 키우기 위해서는 '할 수 있다, 할 수 있다'라는 말버릇이 도움이 된다. 직관적이므로 기억하기 쉬울 것이다.

무슨 일이 닥치든 "할 수 있어, 할 수 있어, 할 수 있어!"를 반복해보자. 혹은 아침에 일어나서 거울을 보며 "오늘도 잘할 거야!", "나는 할 수 있어!"라며 긍정 확언을 해보자.

이렇게 자기효능감을 높이면 도전 의식이 생기고 결국 성공을 불러온다. 인생을 대하는 자세도 적극적이고 진취적으로 바뀔 것이다.

세 가지 말버릇 습관으로 '자기효능감' 높이기

❶ 나는 할 수 있어!
❷ 오늘도 다 잘될 거야.
❸ 할 수 있다, 할 수 있다, 할 수 있다!

'자기신뢰감'을
올리는 스텝

자기신뢰감을 이해하기 위한 키워드는 'Trust^{신뢰}'이다. 스스로를 믿어 주는 감정이 자기신뢰감이다. '자신감'이라 바꿔 말하는 편이 더 쉽게 와닿을지도 모르겠다.

스스로를
믿는 힘

앞서 살펴본 자기효능감은 '나라면 할 수 있어!'라는 자신의 능력이나 가능성을 믿는 힘을 의미한다. 이에 반해

자기신뢰감은 '미래의 나를 믿고, 그 힘에 의지하기'에 가까운 감정이다.

예를 들어, 어려워 보이는 일을 맡게 되었을 때 '나는 할 수 있어!'라고 믿는 것이 자기효능감이라면, 자기신뢰감은 **'나라면 분명 해낼 거야'라며 미래의 나에게 의지하는 감정이다.**

여러분 주변에도 이런 사람 있지 않은가? "나머지는 다음 주의 내가 해줄 거야!"라며 적당히 일을 마무리하거나 "일단 해보면 어떻게든 될 거야!"라며 막중한 역할에 도전하는 사람 말이다. 이들은 모두 자기신뢰감이 높다고 할 수 있다.

반대로 자기신뢰감이 낮으면 어떻게 될까?

자신을 신뢰하지 못하기 때문에 좀처럼 새로운 일에 도전하지 못한다. **시작도 하기 전에 '어차피 안될 거야', '어차피 실패할 거야'라며 가능성 자체를 막고, 결국 아무것도 하지 않는다.**

나아가 자신을 믿지 못하는 만큼 다른 사람의 말에 크게 휩쓸리는 모습을 보인다. '저 사람이 이렇게 말했으니까',

'요즘은 이게 유행이니까' 등의 이유로 움직인다.

반대로 말하면 시대의 유행과 상관없이 자신이 좋아하는 패션을 고수하거나 자신이 좋아하는 취미를 즐기고, 다른 사람들이 별로라고 평가하는 작품을 좋아하는 것은 자기신뢰감이 높다는 증거라 할 수 있다. 즉 자신의 기준을 가지고 자신의 인생을 만들어 간다.

"나 자신에게 순종하라."

미국의 철학자이자 사상가 랄프 왈도 에머슨Ralph Waldo Emerson이 그의 책『자기신뢰self-reliance』에서 남긴 구절이다.

자신에게 순종한다는 것은 자신의 가치관에 따라 산다는 의미이다. 이는 자신의 가치관이나 나라는 사람에 신뢰가 없으면 불가능한 행동이다. 스스로를 믿고 자기 나름의 가치관을 갖고 살아가면 자신의 인생을 주도적으로 끌고 갈 수 있다. 이는 자신에게 부끄럼 없는 풍요로운 인생을 살아감을 의미한다.

더 좋은 말버릇을
스스로에게 물어보기

자기신뢰감을 높이기 위해서는 부정적인 생각과 거리를 둘 필요가 있다. 예를 들어 자기신뢰감이 떨어질 때는 '나는 이 일을 못할 거야'라고 생각하거나 '보고서에 아무런 코멘트가 없는데, 뭔가 잘못한 게 아닐까?'처럼 불안함에 빠진다.

이런 불안은 모두 자신의 '부정적인 생각'에서 비롯된 감정이다. 할 수 있을지 없을지, 보고서를 어떻게 생각하는지는 아직 알 수 없다. 그런데 혼자서 부정적으로 해석하며 점차 불안을 증폭시키는 것이다.

부정적인 생각에서 벗어나기 위해서는 **'~일지도 몰라'라는 '인지적 탈융합' 말버릇을 사용하기를 추천한다.** 인지적 탈융합은 부정적 감정과 거리를 두고, 상황을 객관적으로 받아들이는 심리학적 기술이다.

'불가능할 것 같아'라는 생각이 들면 '~일지 몰라'를 붙여 보자.

'잘못됐을 거야'라는 생각이 들면 뒤에 '~일지도 몰라'를 붙이는 것이다.

인지적 탈융합의 말버릇을 적극적으로 사용하면 점점 부정적인 생각에서 해방되고 사소한 일에 집착하는 불안감을 없애는 데 도움을 준다.

그 이후에는 '어떻게든 될 거야!', '괜찮아!' 같은 긍정어 말버릇을 여러 번 사용해보자. 그러면 마음이 자신을 신뢰할 수 있는 상태로 회복될 것이다.

"그는 불운한 청년 시절을 보내면서도 인생을 통해 자신의 신념을 관철했다. 그리고 자신의 신념을 세상에 알리겠다는 꿈을 현실로 만들었다."

에머슨의 위 말처럼 근거 없는 자신감이야말로 절대적인 자신감이다.

세 가지 말버릇 습관으로 '자기신뢰감' 높이기

① 나라면 할 수 있어!
② 내가 해 줄 거야!
③ 어떻게든 될 거야!

'자기결정감'을
올리는 스텝

자기결정감을 이해하기 위한 키워드는 'Choose선택하다, 결정하다'이다. **자기결정감은 스스로 선택하거나 결정할 수 있는 감정을 의미한다.**

스스로 결정하는 것이
중요한 이유

인생의 행복도는 스스로 통제하는 정도에 비례한다고 한다. 누군가의 말대로 하는 것이 아니라 스스로 결정한 길을 걷고, 그 선택이 성장으로 이어짐을 스스로 실감할 때 인간은 더 많은 행복감을 느낀다.

2018년 고베대학교를 중심으로 구성된 연구팀에서는 일본의 20대 이상, 70대 미만 남녀 약 2만 명을 대상으로 대규모 설문 조사를 실시하였다. 개개인이 갖고 있는 '행복감'과 소득, 학벌, 건강, 인간관계, 자기결정과의 관계에 관한 조사였다.

일반적으로 소득이 높거나 학벌이 좋을수록 행복감도 높을 것으로 생각할 것이다. 그러나 조사 결과 **소득이나 학벌이 아닌 '자기결정'의 정도가 우리의 행복감을 좌우한다는 사실이 밝혀졌다.**

여기서 확인한 자기결정의 요소는 '고등학교 진학', '대학교 진학', '첫 취업' 세 가지였다. 이 세 가지 내용을 '스스로 결정했다'고 한 사람일수록 인생에서의 행복감이 높았다.

스스로 결정하는 것이 왜 그렇게 중요할까?

여기에 대학생 A와 B가 있다. 구직 활동을 할 때 A는 자기 분석을 거듭하여 희망하는 업종을 결정했고, 치밀한

준비 끝에 결국 가장 원하는 회사에 취업하였다. 한편 B는 스스로 깊이 생각하는 과정 없이 부모님과 지도 교수님의 조언대로 무난한 회사에 취업했다.

그렇다면 회사에 들어가서 '자, 여기서 열심히 해서 결과를 내자!'라고 생각하는 쪽은 누구일까? 당연히 A일 것이다. 스스로 결정해 스스로 이뤄 낸 취업이기 때문에 당연히 의욕도 있을 것이고 자기결정감도 높을 것이다.

한편 주변 사람들의 의견에 따라 회사를 정한 B의 경우, '결정했다'라기보다 '결정됐다'라는 것이 더 정확한 감정일 것이다. 적극적인 의욕이 생길 리 만무하며 자신의 인생임에도 자신의 인생이 아닌 듯 근본부터 흔들리는 감정을 지울 수 없다.

이는 진학이나 취업뿐 아니라 일상적인 상황에서도 마찬가지이다. 여러분은 친구와 밥을 먹으러 갈 때 "무엇을 먹고 싶으냐?"고 물으면 정확히 내가 먹고 싶은 걸 말하는 편인가, 아니면 다른 사람에게 맞추는 편인가? 이런 일들이 늘 반복되지만 항상 결정을 하지 못하고 친구에게 의견을 미루는 스타일은 아닌지 검점해보아야 한다.

고베대학교의 연구 결과가 보여 주듯 **자기결정감이 낮은 사람은 행복감도 낮게 나왔다. 그 결과 '지금 내가 이렇게 불행한 건 자신의 진로를 정한 사람들**부모님이나 선생님, 상사 **때문'이라고 다른 사람에게 책임을 떠넘기는 경향이 나타났다.** 이는 정신 건강이나 말버릇 측면에서 생각해도 매우 좋지 않은 징후임은 두말할 필요도 없다.

인생의 다양한 상황에서 자기결정을 반복하는 사람은 설령 실패하더라도 '틀리면 다시 선택하면 된다'라는 사실을 알고 있다.

잘못된 길로 들어서면 다시 한번 다른 길을 선택하면 된다. 다시 한번 자기결정을 내리면 그뿐이다. 실패를 두려워할 필요는 전혀 없다.

'자기결정감'이
의욕을 좌우한다

자기결정감이 중요한 이유는 바로 의욕과도 관련 있기 때문이다.

심리학에서는 의욕을 **내발적 동기 부여**와 **외발적 동기 부여**, 두 가지로 구분한다.

내발적 동기 부여는 '내가 좋아하니까', '내가 즐거우니까'처럼 스스로 주체적으로 선택해 활동하는 상태를 말한다. 입시 공부를 할 때도 '내가 이 대학에 다니고 싶으니까'라는 내발적 동기 부여가 있으면 강하게 의욕을 유지할 수 있다. 그래서 성적이 오르거나 합격하게 되면 공부 자체를 즐기는 마음도 생길 것이다.

한편 외발적 동기 부여는 '다른 사람이 하라니까', '하면 보상을 받을 수 있다니까'처럼 외부로부터 주어진 조건을 위해 활동하는 상태를 말한다. 위의 예처럼 입시 공부를 한다는 사실은 내발적 동기 부여와 변함이 없지만 동기 부여가 낮다. 즐기는 마음보다 의무감이 강해지고, 잠재의식에는 공부에 대한 거부감이 생길 수도 있다.

결국 **어떤 일을 할 때 스스로 결정하게 되면 내발적 동기 부여가 생기고, 즐기면서 꾸준히 노력할 수 있게 되는 것이다.**

그런데 자기결정감을 올리는 핵심은 **'안정감'**이다. 안정감이 높으면 실패를 두려워하지 않게 되고 스스로 결정할 수 있게 된다. 즉 '아무것도 하지 않는 사람'에서 '적극적인 사람'이 될 수 있다.

자기결정감을 올리는 말버릇은 다음 두 단계로 나뉜다.
첫째, '알고 있어'나 '괜찮아'와 같은 말버릇을 사용함으로써 안정감을 높인다. 일단, 내가 결정해도 괜찮다, 주체적으로 움직여도 괜찮다는 마음의 토대를 만들어 준다.
둘째, 그 후 '결정한 주체는 나!', '내가 좋아하니까 하는 거야!', '일단 해보자!'라며 결정을 지지하는 말버릇을 더해 준다. 이렇게 하면 안심하고 앞으로 나아갈 길을 결정하고, 실행으로 옮길 수 있게 된다.

이 책에서 여러 번 자기결정감을 회복해야 한다는 말을 했다. **그중에서도 자기결정감은 자신의 인생을 되돌리기 위해 꼭 필요한 감정이다.** 누군가가 준비해 준 레이스 위를 달리는 것이 아니라 스스로 길을 개척해 자신만의 인생을 걸어가자. 우리 인생을 결정하는 건 우리 자신이다.

> **세 가지 말버릇 습관으로 '자기결정감' 높이기**
>
> ❶ 결정한 주체는 나다!
> ❷ 내가 좋아서 하는 거야!
> ❸ 일단 한번 해보자!

'자기유용감'을
올리는 스텝

자기유용감을 이해하기 위한 키워드는 'Able$^{\sim할\ 능력이\ 있다}$'이다.

누군가에게 도움이 되는
내가 되어 보기

자기유용감은 주변 사람이나 사회에 내가 도움이 되는 사람이라고 생각하는 감정을 말한다. 좀 더 쉽게 설명하면 주변인들로부터 감사를 받을 만한 사람이라는 감정이라

할 수 있다.

'나는 누군가에게 도움이 되는 사람이야.'
'누군가에게 필요한 사람이야.'

아들러 심리학에서는 위와 같은 '공헌감^{자기유용감}'이 있을 때 인간은 용기를 발휘할 수 있다고 말한다. **누군가에게 도움이 되는 사람이라는 감정을 실감하게 되면 '나는 여기에 필요한 사람'이라는 안정감과 소속감, '나는 할 수 있다'라는 자기효력감으로도 이어지기 때문이다.**

자기유용감의 중요함을 이해하기 가장 쉬운 예는 '정년퇴직'이다. 한평생을 일만 보고 달려온 사람이 정년퇴직을 앞두고 있다. 지금까지는 일을 통해 스스로가 누군가에게 도움이 되고 있고, 나는 능력이 있다는 생각을 갖고 있었다. 그러나 정년 이후 직함도, 수입도 없이 집에만 있다 보면 가족들에게 눈치가 보일 것만 같다. **마치 자신이 '쓸모없는 사람'이 될 듯한 착각까지 엄습한다.** 실제 이런 감정을 느끼고 정신적으로 위축되는 사람도 적지 않다.

물론, 사람의 가치는 일만으로 결정되지는 않는다. 정년 퇴직을 했다고 해서 가치가 없어지는 것도 아니다. 취미생활로 새로운 세상을 발견할 수도 있고, 지역 사회나 다양한 곳에서 봉사 활동을 통해 자기유용감을 회복하고, 자신이 있을 곳을 발견할 수도 있을 것이다. 그렇더라도 평생 일이 전부였던 사람의 경우 일 외의 '공헌할 수 있는 대상'을 발견하기는 어려울 것이고, 결과적으로 자기긍정감이 떨어지는 경우가 많다.

자기유용감을 이해하기 위한 좋은 예로 '가족이 생기면 강해진다'는 말을 들 수 있다. 가정이 생기면 안정되고, 지켜야 할 대상이 생기면 더 강해지기도 한다. 이는 자기유용감의 힘이라 할 수 있다.

우리는 '나를 위해' 노력하기보다 '누군가를 위해' 노력할 때 더 큰 힘을 발휘한다. 자신을 위해서라면 포기했을 난관도 가족처럼 소중한 존재를 위해서는 무엇이든 극복할 수 있다. 그리고 주위에 힘이 되는 스스로를 자랑스럽게 생각하고 그런 자신을 좋아하게 된다. 이는 팀으로 일하는 경우에도 적용할 수 있다.

업무에서도 효과를 발휘하는
'자기유용감'

회사에서는 사원의 동기 부여를 위해 자기유용감을 활용하는 사례가 많다. 도쿄 디즈니리조트에서 실시한 '스피릿 오브 도쿄디즈니리조트'가 좋은 예이다.

도쿄 디즈니리조트에서는 전 직원에게 투표용 전용 카드가 주어진다. 이 카드에 '모든 손님에게 행복을 주는 직원'의 이름과 부서, 그 사람의 칭찬할 점을 기입하고, 정해진 투표함에 투입한다. 카드를 많이 받거나 그 내용이 특별한 직원은 '스피릿 어워드' 상을 받고, 특별한 배지가 수여된다.

이처럼 사원들끼리 서로 칭찬하는 제도는 스타벅스나 ANA전일본공수, 사이버에이전트CyberAgent, 야마토 운수 등 다양한 기업에서 도입하고 있다. 함께 일하는 동료끼리 "저번에는 고마워요, 정말 많은 도움이 됐어요", "이번에 정말

대단했어요."라며 칭찬하는 분위기는 '내가 누군가에게 도움이 되고 있다'라는 자기유용감 향상과도 직결된다.

서로 칭찬하는 시스템은 직원들 간에 자기유용감을 선사하는 효과가 있다. 일하는 사원들의 자기유용감, 나아가 자기긍정감이 올라가면 기분이 좋아지는 건 물론이고 활기차게 일하는 직장을 만들 수 있고, 서비스 품질에도 긍정적인 영향을 주게 된다. 일하는 직원과 회사 모두에게 긍정적인 선순환을 가져다주는 것이다.

자기유용감은 '주변 사람에게 고맙다는 말을 들을 만한 사람'이라는 감정이므로 전업주부나 고령자는 자칫 자기유용감을 잊기 쉽다.

그러나 회사에서 일하며 월급을 받는 것만이 사회에 공헌하는 것은 아니다. 우리는 존재하는 것만으로도 **태어날 때부터 세상에 기여하고 있다.** 지하철에서 자리를 양보하고 감사의 인사를 받는 것만으로도 사회에 공헌하는 것이며, 베란다에 있는 식물에 물을 주어 꽃을 피우는 일 또한 마찬가지다.

설령 돈이나 숫자로 헤아릴 수 없다고 해도 우리는 살면서 많은 공헌을 하고 있고, 누군가에게 도움이 되고 있다. 따라서 **언제나 "나는 도움이 되는 존재야", "나는 좋은 사람이야", "매일 매일 성장하는 나" 등 칭찬의 말을 버릇처럼 스스로에게 해 주자.** 이는 다른 사람에게 듣는 것과 같은 효과를 주기 때문에 자기유용감을 높이는 데 도움이 된다.

그리고 자신에게 "고마워"라고 말해 주는 것도 좋다. "오늘 하루도 고마워", "나에게 고마워"라며 스스로에게 고맙다고 말해보자. 감사의 말은 자기긍정감을 올려주는 영양제이면서 동시에 자기유용감을 높이는 효과가 있다.

세 가지 말버릇 습관으로 '자기유용감' 올리기

❶ 나는 세상에 도움이 되는 사람이야!
❷ 나는 가치 있는 사람이야!
❸ 나는 매일 성장하고 있어!

셀프 체크 포인트

지금까지 '자기긍정감'의 정체를 여섯 가지로 구분해서 살펴보았다.

- 자존감 : 태어난 순간부터 존중받아야 할 인간으로서의 가치
- 자기수용감 : 자신의 장점과 단점 모두를 수용하는 감정
- 자기효능감 : 자신의 능력이나 가능성을 믿는 감정
- 자기신뢰감 : 자신을 믿고 자신을 의지하는 감정
- 자기결정감 : 자신의 인생을 스스로 결정하는 감정

- 자기유용감 : 누군가에게 도움이 되고, 기여하고 있다고 생각하는 감정

부족한 점을 지나치게
신경 쓰지 않기

전문가를 포함해 많은 사람들은 자기긍정감을 '하나의 감정'이라 생각한다. 이 때문에 자기신뢰감이 부족할 뿐인데 자기긍정감이 부족하다고 속단하고 자신을 부정해 버린다.

예를 들어 야구는 배팅, 수비, 주파, 근력, 볼 컨트롤 능력, 선구안 등 다양한 요소로 이루어져 있다. 단지 수비가 살짝 불안하다고 야구선수로서 실격이라 하지 않는 것처럼 자기긍정감도 마찬가지다.

자기긍정감을 형성하는 여섯 가지 요소 중 자신에게 부족한 부분이 무엇인지 살펴보고, 그 부분의 말버릇을 중점적으로 연습하는 것도 하나의 방법이다.

'나는 자존감과 자기수용감은 갖고 있어.'
'내게 부족한 건 자기결정감일지 몰라.'

셀프 칭찬의
효과

셀프 체크할 때는 부족한 부분에 몰두하는 대신, 자신이 가지고 있는 장점에 집중해야 한다. 부족한 부분에 집중하면 아무리 노력해도 '어차피 나는 안될 거야'라며 지레 포기하기 쉽다.

이를 막기 위해 먼저 **'내가 자존감 하나는 끝내주지!', '자기결정감은 자신 있어!'라며 자신이 가지고 있는 장점에 집중하고 자신의 좋은 면을 칭찬해 주자.**

필자도 과거에는 자기긍정감은 거의 없이, 실의에 빠져 살았다. 그래도 지금은 태어났을 때만큼의 자기긍정감을 회복하였고, 이렇게 여러분에게 자기긍정감에 대해 이야기를 하고 있다. 이는 '나'를 인정하고, 아낌없이 칭찬해 준 결과이다.

여러분은 자기긍정감이 부족한 사람이 아니다. 자기긍정감을 형성하는 여섯 가지 요소 중에서 그저 몇 가지가 약해진 것뿐이다.

자기긍정감을 다시 키울 수 있는 뿌리가 남아 있고, 새싹도 이제 막 자라기 시작했다. 칭찬이란 물을 흠뻑 주며 자기긍정감을 키워 나가자.

> ### 세 가지 말버릇 습관으로 '마음의 면역력' 회복하기
>
> ❶ 나에게 고마워!
> ❷ 오늘(미래에도) 나에게는 행운이 가득해!
> ❸ 나는 뭐든 할 수 있다!

위의 세 가지는 마음의 면역력인 자기긍정감의 토대를 이루는 '안정감'을 키워 주는 핵심 말버릇이다. 이 세 가지 습관을 통해 감사의 마음, 미래에 대한 희망, 그리고 자신감이 회복되고, 매사 좋은 방향으로 흘러갈 것이다.

살아 있다는 것만으로도 우리는 행운아이다. 세상을 살아간다는 것만으로도 이미 100점짜리 인생이다. 여러분 인생 최고의 행복이 곧 다가올 것이다.

P·O·I·N·T

- 나의 말버릇이 주변 사람을 바꾼다.
- 육아는 칭찬 능력을 높일 수 있는 절호의 찬스이다.
- 칭찬 스킬로 회사 동료와 친구를 칭찬해보자.
- 말버릇이 바뀌면 자기긍정감은 올라간다.
- 자기긍정감이 올라가면 있는 그대로의 내 모습으로 살 수 있다.

Chapter 05
마음의 면역력에는 파급 효과가 있다

혼자만 행복한 건
의미가 없다

'말버릇 하나로 인생이 바뀐다.'
'말버릇을 바꾸면 자기긍정감이 올라가고 행복해진다.'

모두 사실이다. 성격이나 천성, 가정 환경과도 상관없다. 우리의 자기긍정감은 약간의 말버릇만으로 향상시킬 수 있다.

그런데 잠깐 멈춰 생각해보자. 말버릇으로 자기긍정감을 올리고, 결과적으로 **나 혼자만 행복하면 그것으로 충분한 것일까?** 그렇지는 않을 것이다.

필자는 말버릇을 비롯한 다양한 '자가 실험'을 통해 자기긍정감을 높일 수 있었다. 그러나 그것만으로 좀처럼 행복하지 않았다. 왜냐하면 내 주변에는, 더 정확히 말하면 예전의 나처럼 자기긍정감이 낮은 젊은이들이 많아졌기 때문이다. 그래서 세미나와 상담, 저작 활동 등을 통해 많은 사람들에게 자기긍정감을 올리는 방법을 가르치는 일들을 하고 있다. 내 주변 사람들의 웃는 얼굴을 보게 된 지금 나는 큰 행복을 느끼고 있다.

마지막 장에서는 좋은 말버릇을 다른 사람과의 대화로 발전시켜 주변 사람들의 자기긍정감까지 올리는 방법에 관해 이야기를 하고자 한다. 이는 **타인뿐만 아니라 우리의 행복을 위해서도 필요한 최종 스텝이다.**

'나 혼자서 행복한 것이 아니라 주변 사람들까지 행복하게 만들기!'는 언뜻 보면 매우 어려워 보인다. 마더 테레사처럼 이타적인 위인이 아니면 불가능해보이기도 한다. 그러나 **특별한 것을 할 필요는 없다. 여러분이 자신의 자기긍정감을 높이고, 좋은 말버릇으로 대화를 하는 것만으로도 주변에는 변화가 일어날 것이다.**

우리의 말버릇이
주변에 영향을 미치는 이유

우리의 좋은 말버릇이 주변에 영향을 미치는 이유는 다음과 같다.

첫째, 사람은 옆에 있는 사람과 닮아 가는 경향이 있기 때문이다. 결혼해서 십수 년을 함께 산 부부가 얼굴은 물론이고 성격까지 비슷해졌다는 말을 심심치 않게 들어 봤을 것이다. 또 도시에서 태어난 사람이 지방으로 거주지를 옮긴 후 어느새 그 지방의 사투리를 쓰며 그 지방색에 물들어 가는 경우도 마찬가지다.

이는 무의식중에 상대의 행동이나 몸짓, 말투 등을 따라 하는 **'카멜레온 효과'** 때문이다. 그리고 모방의 대상이 된 사람 또한 자신과 비슷해진 상대를 보며 호감을 느끼게 된다. 이를 **'미러링'**이라고 하는데, 상담 분야뿐만 아니라 비즈니스나 연애에서도 친근감을 주기 위한 테크닉으로 잘 알려져 있다.

1999년 미국의 사회심리학자 타냐 차트랜드^{Tanya L.}

Chartrand와 존 바르John Bargh 연구팀은 뉴욕대학교 학생들을 대상으로 실험을 했다. 이 실험에서 '대화 중 자세를 바꾸라'는 지시를 받은 스태프와 '스태프와 일면식이 없는 피험자' 둘이 대화를 하도록 했다. 정확히는 '얼굴을 만져라', '다리를 떨어라'와 같은 구체적인 행동 지시를 받은 스태프와 이를 지켜본 피실험자의 행동 모방에 관한 실험이었다.

이 카멜레온 효과의 가장 큰 핵심은 '무의식중의 행동'에 관한 것이었다. 이 실험 결과 얼굴을 만지는 행동은 20%, 다리를 떠는 행동은 50%의 피험자가 따라 했다. 실험 종료 후 피험자들은 자신이 그 행동을 따라 했단 사실을 전혀 의식하지 못했고, 스태프의 행동 자체를 의식하지 못했다는 사람도 있었다.

이 카멜레온 효과는 당연히 자기긍정감에서도 효과를 발휘한다. 우리의 말버릇이 바뀌면 자연스럽게 주변의 가족이나 친구, 동료, 연인의 말투도 바뀐다. 그리고 우리의 자기긍정감이 높아지면 주변 사람들의 자기긍정감 또한 높아진다.

직장에서 트러블이 발생했을 때 "어쩌지", "이제 끝이야", "네 탓이야"라는 말이 난무하는 분위기라면 굉장히 괴로울 것이다. 그러나 "괜찮아, 그럴 수 있지", "잘 해결될 테니까 걱정하지 마." 등의 말버릇을 가진 사람이 있다면 직장의 분위기도 훨씬 안정되고 의욕도 충만해진다.

자기긍정감은
인상도 바꾼다

둘째, 자기긍정감으로 인해 주변 사람들의 나에 대한 평가가 달라지기 때문이다.

사람들은 타인의 인품을 평가할 때 어떤 요소를 고려할까? 외모, 표정, 패션, 직함, 출신지 등 몇 가지 요소로 '이 사람은 이런 사람일 거야'라고 생각하는 경향이 짙다. 그중에서도 가장 큰 영향을 주는 요소는 말투일 것이다.

예를 들어, 고상한 단어를 사용하며 여유 있게 말하는 사람을 보면 '가정 교육을 잘 받았나 보네', '우아한 사람이네'라고 생각하고, 경제 용어나 전문 용어를 논리적으로 사용하는 사람을 보면 '똑똑한 사람이네', '일을 좋아하는 사람일 것 같아'라고 생각한다.

어떤 말을 어떤 말투로 말하는지, 그것이 그 사람을 판단할 때 중요한 요소로 작용한다. 그리고 '어떤 말을 사용하는가'는 자기긍정감의 높고 낮음에 의해 영향을 받는다. 따라서 **자기긍정감이 높으면 주변 사람의 나에 대한 평가가 눈에 띄게 달라진다.** '차분한 사람'에서 '명랑하고 씩씩한 사람'처럼 평가가 완전히 달라지는 경우도 있다.

이런 인상의 변화가 일어나면 '어머? 이 사람한테 이런 면이 있었네? 의외로 잘 맞겠는데?'라며 관계가 더 깊어질 수도 있고, 반대로 '뭔가 인상이 변해서 잘 안 맞는 것 같아'라며 관계가 소원해지는 경우도 있을 것이다. 또 말투의 변화로 여러분에게 의지하는 사람이 생길 수 있고, 다른 사람을 소개받아 새로운 인연으로 이어지기도 할 것이다. 이처럼 자기긍정감의 높고 낮음에 따라 인간관계에도 변화가 찾아온다.

말버릇이라고 하면 '혼자 방에서 중얼거리는 것'이라고 생각하는 사람도 있다. 확실히 거울을 보며 말버릇을 연습하는 것은 자기 혼자만 듣는 '독백'이다.

그러나 **진정한 말버릇은 다른 사람과의 대화 속에서 자연스럽게 피어난다.** 누군가의 아이디어에 "정말 좋은 생각이네요!", "최곤데요?"라며 용기를 북돋아 주거나 우울한 친구에게 "괜찮아, 분명 잘될 거야."라며 응원해 주고, 아침에 출근해서 동료들에게 "좋은 아침이에요!"라며 밝게 인사를 하는 것처럼 말이다.

그런 말버릇을 혼자만 하는 것이 아니라 대화 속에서 자연스럽게 발전시켜 보자. 대화의 질이 올라가면 나도, 내 주변 사람들에게도 최고의 인생으로 향하는 문이 열리는 선순환이 시작된다.

대화의 힘으로
자기긍정감에 부스터를 달자

고대 그리스의 철학자 소크라테스는 철학과 윤리학의 기초를 집대성해 '철학의 아버지'라고 불린다. 그는 '어떻게 살아야 하는가', '정의란 무엇인가' 등 근본적인 물음에 대해 탐구하였다.

그럼에도 소크라테스는 한 권도 자신의 저작물을 남기지 않았다. 현대를 살아가는 우리가 소크라테스의 사상思想을 배울 수 있는 건 그의 제자 플라톤이 스승의 가르침을 책으로 남겼기 때문이다.

소크라테스가
'대화'의 중요성을 강조한 이유

소크라테스는 왜 저작물을 하나도 남기지 않은 걸까? 여기에는 두 가지 이유가 있다.

첫째, **소크라테스는 책이 기억력과 사고력을 감퇴시킨다고 믿었기 때문이다.** 종이에 써서 기록하는 것은 외부 기억장치를 사용하는 것이기 때문에 스스로 생각하는 능력이 퇴화된다. 그러면 머리를 쓰지 않게 되고, 아무것도 생각하지 않는 인간이 된다고 소크라테스는 믿었다. 컴퓨터나 스마트폰에 너무 의지하면 알고 있던 것도 잊어버리는 것과 같다.

둘째, **문자로 쓰면 답이 고정되기 때문이다.** 종이에 쓰인 글자를 보고 의문이 생겨도 글자는 의문에 답해 주지 않는다. 반론이 있어도 글자로는 논의를 할 수 없다.

반면 누군가가 직접 질문을 던지면 이에 답할 수 있고, 서로 의견을 개진하며 논의를 심도 있게 발전시킬 수 있다고 소크라테스는 생각했다. 지금도 철학의 세계에서는 소크라테스처럼 대화를 중요시하는 탐구 방식인 '소크라테스식 문답법'이 중시되고 있다.

소크라테스는 글자로 쓰거나 혼자서 머릿속으로 생각하는 것보다 누군가와 대화하면서 생각하고, 기억하고, 논의를 심화시키는 것이 철학 본연의 일이라 생각했다. 즉, **소크라테스는 '대화'의 힘을 믿었다고 할 수 있다.**

우리 일상생활에서도 '대화'의 힘에 관해서 충분히 느낄 수 있다. 실제로 필자는 세미나를 개최한 후에는 수강생과 직접 대화를 나누고 감상을 듣는 시간을 갖는다.

세미나에 대한 감상을 조사할 때는 강의가 끝난 후 설문용지를 나눠 주고, 감상과 질문을 쓰게 하는 '앙케트'가 가장 효과적이다. 그러나 이 경우 쓰는 말은 거의 정해져 있고, 진짜 감상과 다르게 쓰는 경우도 있다. 무엇보다 얼굴을 마주하고 대화를 할 때 자세한 내용과 표정, 안색으로 진짜 반응을 캐치할 수 있다. 이렇게 하면 수강생과 더 깊은 관계를 맺고 서로를 이해할 수 있게 된다. 또 이런 대화로 인해 자기 생각을 더 심화시킬 수 있고, 강의 내용을 보강할 수도 있다.

대화는 잠재의식을
정리해 준다

'대화'가 가진 힘에 대해 생각해보자.

여러분은 이런 경험을 한 적 없는가? 친구를 만나 이야기하던 중에 고민하던 내용이 갑자기 실마리가 보인다거나 "지금 그 말 하니까 생각났는데…"라며 대화 중 새로운 아이디어가 떠오르는 경험 말이다.

대화를 하면서 생각이 정리되거나 사고가 활성화되는 것을 상담 분야에서는 오토크라인 autocrine, 자가분비이라고 한다.

오토크라인은 분비 세포에서 분비된 물질이 자신의 수용체와 결합하여 그 신호가 자기에게 되돌아오는 방식을 의미하는 생물학적 용어이다. 이는 자신이 한 말을 직접 귀로 들으며 뇌가 활성화되어 잠재적인 사고가 선명하게 인지하는 상태를 의미한다. 즉 **'누군가에게 말하는' 행위를 함으로써 상대에게 자신의 생각을 전할 뿐 아니라 자신의**

생각을 다시금 깨닫는 작용도 하는 것이다.

이 오토크라인의 작용을 말버릇에 응용해보면 어떨까?

매일 "나는 행운아야! 다 잘될 거야!"라고 긍정 확언을 해보자. 이는 자기긍정감을 올리는 말버릇이다. 그런데 "나는 정말 운이 좋아! 하는 것마다 다 잘되고 있어!"라는 말을 친구에게 하면 어떻게 될까? 친구는 "어떻게 그렇게 됐어?"라고 묻거나 자신도 행운이 따랐던 에피소드를 이야기하며 운이 좋았던 상황에 관한 이야기로 꽃을 피울 것이다.

그렇게 되면 **오토크라인이 작용하여 우리의 잠재의식이 더 강화되고 '나는 운이 좋아'라고 인식한다.** 말이 실제로 실현되고 자기긍정감이 올라가는 속도가 더욱 빨라진다.

대화에는 힘이 있다. 이른바 대화는 말버릇말의 최고 도달점이다. 머릿속에서 그저 말을 생각하거나 혼잣말로 하는 것보다 누군가와 대화할 때 강한 힘을 발휘한다.

재차 강조하건대, 자기긍정감은 말버릇으로 높일 수 있

다. 대화의 힘을 잘 활용하면 자기긍정감을 더욱 간단하게 높일 수 있다.

혼자의 힘만으로
조직을 바꿀 수 있다

　말버릇은 혼자의 힘만으로는 완성되지 않는다. 주변 사람들에게 전염되어 그 사람들의 자기긍정감까지 높여 줄 때 비로소 완성된다. 특히 대화에는 상대와 나의 자기긍정감을 크게 좌우할 만큼의 힘이 있다.

**　이 말을 들으면 여러분은 말의 부정적인 전염성을 떠올릴지도 모른다.**

"우리 부장은 매일 부정적인 말만 해."
"친한 동료끼리 모이면 다들 상사 뒷담화만 해."

"이런 '뒷담화 홍수' 속에 사는 나는 아무리 노력해도 긍정적인 사람이 될 수 없고, 자기긍정감도 올라가지 않을 거야."

분명 직장이나 가정에서 어떤 말을 주고받는지는 매우 중요한 요소이다. 말버릇이 나쁜 상사가 줄곧 누군가에게 화를 내거나 그 자리에 없는 다른 누군가의 험담을 하는 문화가 있는 회사라면 그 영향을 피하기는 힘들다.
그러나 이런 직장공동체 **환경도 우리의 말버릇으로 바꿀 수 있다. 현재 자신의 직장이 부정적인 말만 오가는 환경이라면 이는 긍정적인 말을 하는 사람이 한 명도 없기 때문이다.**

'퍼스트 펭귄'이 되어라

단 한 명의 힘만으로 공동체 전체의 분위기가 180도 달라진 사례는 생각보다 많다.
2023년 WBC에서 일본 대표팀으로 활약한 라스 누트

바르Lars Taylor-Tatsuji Nootbaar 선수가 정확히 이 예시에 걸맞은 사람이다. 일본계 2세로 당시 세인트루이스 카디널스에서 외야수로 활약하던 그는 일본 대표팀에 합류한 이후 경기 내외적으로 열정적인 모습을 선보였다. 팀 동료들에게 희로애락을 그대로 표현하며 적극적으로 커뮤니케이션을 주도했고, 즐겁게 경기하는 모습을 보여 주었다. 그에게 자극받은 일본 대표팀 선수들도 점차 안정감을 되찾기 시작했고 경기 자체를 즐기게 되었다. 밝고 적극적인 누트바르 선수의 대화법이 팀의 심리적 안전성을 높여 준 것이다.

누트바르 선수처럼 단 한 명의 힘만으로도 많은 사람을 바꿀 수 있다. 즉, 우리 한 명이 바뀌면 조직 전체에 큰 영향을 줄 수 있다는 말이다.

만약 지금 여러분의 회사 분위기가 서먹서먹하다면 이는 심리적 안전감이 낮아져 있다는 증거이다. 그렇다면 퍼스트 펭귄선두에 서서 위험한 바다로 뛰어들어 동료들을 리드하는 용기 있는 펭귄이 되어 회사 전체의 분위기를 바꾸는 데 여러분이 앞장서는 건 어떨까? **여러분의 말버릇이나 인사 하나로 회사의 심리적 안전감을 높이고, 동료들의 안정감을 높여 보자.**

긴장감을
내 편으로 만들자

　말버릇은 잠재의식과 관련되어 있다. 따라서 상사나 동료는 여러분의 말을 몇 번이고 반복해서 듣는 동안 무의식 중에 영향을 받게 될 것이다. 이를 반복하면 어느새 상사나 동료의 말버릇도 바뀌고 회사의 분위기 자체가 달라지는 시간이 찾아올 것이다. 심리학에서는 이를 피어 프레셔 peer pressure, 또래압력라고 한다. **피어 프레셔는** '동료 집단에서 받는 사회적 압력'을 의미한다.

　혼자서는 공부에 집중하지 못하는 사람도 도서관에서 주위 사람들이 공부에 몰두하는 모습을 보면 그곳의 분위기에 맞추는 모습이 그 예이다.

　인간관계에서의 기력 소진, 스트레스의 원인으로 지적받기 때문에 피어 프레셔를 부정적으로 생각하는 사람들도 있다. 그러나 이것을 잘 활용하면 우리에게 도움이 된다.

　예를 들어, 다이어트를 한다고 생각해보자. 내내 잘해오다 치팅데이cheating day를 보내고 나면 그날 이후 다이어트

자체가 시들해지곤 한다. 많은 사람들이 다이어트를 할 때 흔히 겪는 딜레마이다. 그러나 같이하는 친구가 있다면 사정이 달라진다. 서로 격려하며 게을러질 때도 '내일은 같이 헬스장에 가자'며 끌어 줄 수 있다.

이처럼 같은 행동을 집중해서 하는 동료의 존재가 있으면 동기 부여가 되고, 적절한 긴장감과 경쟁심이 자극되어 목표를 더 잘 수행할 수 있다. 또 중간에 힘들어도 동료와 서로 격려하며 지속하는 힘도 기를 수 있다. 이것이 피어 프레셔의 긍정적인 효과이다.

따라서 여러분이 매일 아침 기운차게 "좋은 아침이에요."하고 인사를 건네면 그 습관은 얼마 지나지 않아 동료들에게 전염될 것이다. 그리고 언젠가 아침마다 당연히 인사를 건네는 분위기가 형성될 것이다.

"여러분이 나서서 분위기를 바꿔 보세요."라고 말해도 대부분의 사람들은 '내가 그런 일을 어떻게 하겠어'라고 생각할 것이다. 자신이 분위기를 주도했던 경험이 없다면 더욱 그럴 것이다.

그러나 **일단 '내가 바뀌면 주변 사람들도 바뀔 거야'라는**

긍정적인 믿음을 가져 보자. 그 자체가 무엇보다 여러분 스스로에게 매우 의미 있는 일이 될 것이다. 시작은 여러분의 몫이다. 여러분이 바뀌면 지금 우리가 있는 곳이 최고의 환경으로 바뀌기 시작할 것이다.

좋은 말버릇은
인연을 불러온다

좋은 말버릇은 우리의 인간관계를 바꾼다. 이는 기존의 인간관계에 한정된 이야기는 아니다. **좋은 말버릇은 새로운 인간관계, 즉 새로운 만남을 불러오기까지 한다.**

예를 들어 어떤 프로젝트를 앞에 두고 "하기 싫어", "무리야", "최악이야" 등의 부정적인 말만 사용하는 A가 있고, 같은 상황이라도 "즐겁다", "열심히 해야지", "이번이 기회야"라며 긍정적인 말만 하는 B가 있다고 해보자. 여러분은 누구와 같은 팀이 되고 싶은가? 또 매사 다른 사람의 험담을 하는 A와 다른 사람을 칭찬하는 B가 있을 때 어느 쪽과 친구가 되고 싶은가? 분명 모두 B를 고를 것이다.

부정적인 말은 옆에서 듣는 것만으로도 힘이 빠지고, 비록 다른 사람을 향한 것이라 해도 다른 이의 험담을 들으면 기분이 좋지 않다. 따라서 A와 같은 사람은 사람들에게 신의를 잃고 점점 주변 사람들이 떠나간다. 설령 일을 잘한다고 해도 말이다.

특히 요즘 젊은 세대는 직함이나 보수보다 '마음이 편한 곳'을 더 선호하는 경향이 있다. 불편한 상사와 함께 일하려고 하지 않고, 불편한 직장에서는 일하고 싶어 하지 않는다. 이는 세대를 불문하고 충분히 공감이 된다.

그렇다면 '마음이 편한 사람'은 어떨까? 당연한 이야기겠지만 주변에 사람이 끊이지 않을 뿐만 아니라 주변에 사람들이 모인다. 숲속의 동물들이 샘을 찾아오듯 여러분이란 '마음이 편한 장소'를 찾아 많은 사람들이 모여들 것이다. 친구가 자신의 친구를 소개해 주거나, 여러분의 평판을 듣고 옆 부서나 클라이언트가 함께 일하자며 요청할 수도 있다. 때로는 다른 회사에서 스카우트 제의를 받기도 할 것이다.

업무 능력이 뛰어나고 사람이 좋다고 해서 이러한 인연이 만들어지는 것은 아니다. **함께 있을 때 기분이 좋고, 더 함께하고 싶은 '마음이 편한' 사람이 되면 인연이 찾아온다. 사소한 말버릇이 인연을 만들어 준다.**

'누구와 지내는가'가 인생을 결정한다

인연을 넓혀 가다 보면 여러분의 인생에 큰 변화가 찾아온다.

미국의 기업가이자 강연자로 세계 최고의 멘토라 칭하는 짐론 Jim Rohn은 **'내가 내 주변 5명의 평균이다'라는 '5인의 법칙'**을 주장했다. 쉽게 말하면 우리가 가장 많은 시간을 보내는 5명의 평균이 곧 나라는 것이다.

예를 들어, 황금사자기 전국고교야구대회에서 우승을 자주하는 고등학교 야구부에 들어갔다고 해보자. 이 야구부의 전원이 프로 선수가 되기를 꿈꾸고 있다면 저절로 자신도 프로를 목표로 끊임없이 연습할 것이다. 만약, 지역

구 대회 출전이 목표인 야구부에 들어가면 자신도 지역 대회를 목표로 그 수준에 맞춰 연습하게 될 것이다.

연봉 1억 원을 받는 사람들과 일을 하면 일에 대한 의욕이 올라가는 것은 물론이고 그들과 비슷한 연봉을 받기 위해 노력할 것이다. 이 의지력이 성장으로 이어져 비슷한 수준의 연봉을 받게 될 확률이 높다. 반면 연봉 3,000만 원을 받는 사람들과 함께 일하면 일에 대한 생각도 비슷한 수준에 맞춰지고 연봉도 '뭐 이정도면 됐지' 하고 만족할 것이다. 말 그대로 누구와 지내는가에 따라 우리의 인생도 바뀌게 된다.

나만의 '컴포트존'
재점검하기

앞에서 이야기한 '5인의 법칙'은 심리학에서 말하는 '컴포트존comport zone, 안전지대'에 기초한 개념이다. 사람들에게는 스트레스나 불안이 없는 한없이 안정적인 정신 상태를 유지할 수 있는 장소나 상태가 있는데 이를 '컴포트존'이라고 한다.

사람과의 사귐에 이를 대입해보면 생각이나 가치관, 감정이 자신과 비슷한 사람과 함께 있으면 안심이 된다. 항상 "맞아, 맞아!"라며 공감할 수 있는 상태가 되는 것이다.

반대로 생각이 완전히 다른 사람이거나 어떤 상황에 대해 전혀 반대의 감정을 느끼는 사람과 함께 있으면 우리는 마음이 불안정하다.

예를 들어 기차에 별로 관심이 없는 사람이 기차를 좋아하는 사람과의 대화에 끼게 되면 마음이 불편해진다. 할 말이 없어지거나 지나치게 에너지를 쓰게 되어 가능한 한 서둘러 그 자리를 떠나고 싶어진다.

이럴 때 사람은 무의식중에 컴포트존에 들어가려고 한다. 즉, 자신과 비슷한 사람이 있는 곳에 가려고 하는 경향을 보인다. 이것이 '5인의 법칙'을 뒷받침하는 좋은 예이다.

어떤 사람과 사귀고, 어떤 사람과 함께하는가. 이는 우리가 어떤 사람이 될 것인지, 어떤 인생을 보낼 것인지를 결정하는 중대한 요소이다.

만약 여러분이 프로 야구선수가 되고 싶다면 집 근처 일반 고등학교보다 야구 대회에서 단골로 우승하는 고등학교에 진학해야 한다. 거기에는 함께 프로를 꿈꾸는 동료들이 있고, 이를 지원하는 환경이 갖춰져 있으며 열의를 다해 지도하는 감독과 코치가 있기 때문이다. 여러분이 프로 야구선수가 될 가능성이 훨씬 높아질 것이기 때문이다.

자기긍정감도 마찬가지이다. 좋은 말버릇을 사용하여 자기긍정감을 올리면 주변에 사람이 모이고 내 주변 사람들도 바뀐다. 자기긍정감이 높아지고 매사 적극적이며 활기찬 행복 바이러스를 지닌 사람들이 내 주변에 모이게 될 것이다.

높은 자기긍정감은 '좋은 리더'를 만든다

필자가 상담한 사람 중에는 운동선수나 기업가, 학생 등 다양한 분야의 사람들이 있는데, 그중에는 대기업 총수나 정치인 등 소위 '리더'라 불리는 사람도 적지 않다.

다수의 리더들을 만나며 깨달은 사실은 **'좋은 리더는 자기긍정감이 높다'**는 것이다. 높은 자기긍정감이 리더십에 영향을 주는 것이다.

좋은 리더란 어떤 사람을 말하는 것일까? 리더십 이론은 행동경제학과 심리학 등 다양한 분야에서 다뤄지고 있다. 미국의 조직행동학자 노엘 티치Noel M. Tichy가 주장한 '변혁적 리더십이론조직을 지속하기 위해서는 기업을 변혁시키는 리더가 필요하다'이나 일본의 사회심리학자 미스미 쥬지가 주장한 'PM이론성과기능(P)과 유지기능(M) 양쪽을 모두 갖춘 사람이 강한 리더'이 잘 알려져 있다. 하지만 필자는 다음의 두 가지를 좋은 리더의 조건으로 소개하고자 한다.

각각 어떤 특징이 있는지 살펴보자.

좋은 리더의 조건 ❶
최선을 선택하는 힘이 있다

리더의 가장 중요한 조건은 결단력이다. 어떤 판로를 획득할지, 어디에 점포를 낼지, 어떤 상품을 어느 정도의 수량으로 만들 것인지, 누구를 채용할 것인지, 업무 분장을 어떻게 할 것인지 등에 따라 사업을 유지할 수도 있고, 그렇지 않을 수도 있다.

어떤 규모의 팀이라도 리더는 팀의 앞날을 결정하는 선택을 하게 된다. 만약 기업의 경영자라면 회사의 명운을 건 큰 결단을 해야만 하는 상황에 처하기도 할 것이다.

이럴 때 리더의 시야가 좁으면 적절한 판단을 내릴 수 없다. 예를 들어 타피오카가 유행한다고 타피오카 주스 전문점을 무턱대고 차렸다가 1년 후 유행이 끝나면 큰 손실을 입을 수도 있다. 항상 여러 관점에서 다각적으로 정보를 수집해야만 최선의 수를 둘 수 있다.

이는 사람을 판단할 때도 마찬가지이다. 직원이 실수를 했다고 바로 '이 사람은 일을 못해'라고 속단하는 것은 좋은 결단이라 할 수 없다. 실수를 유발한 원인이 환경과 시스템에 있을 수도 있고, 실수한 직원에게 더 적합한 부서가 있을 수도 있다. 단편적인 평가는 직원의 성장을 저해하고, 팀이 효과적으로 기능하는 것을 방해할 수 있다.

그렇다면 '**최선을 선택하는 힘이 있는 리더**'란 상황을 다**각적 · 긍정적으로 바라보는 힘이 있는 리더**'라 바꿔 말할 수 있다.

넓은 시야와 긍정적인 해석 역시 자기긍정감에 의해 길러지는 능력이다. 자기긍정감이 낮은 리더는 사고가 부정적으로 닫혀 있고, 시야가 좁아 상황을 비관적이고 부정적으로만 판단한다.

한편 자기긍정감이 높은 리더의 경우 넓은 시야로 매사 긍정적인 해석을 할 수 있다. 그것이 최선의 선택지를 도출하고 이를 선택하는 결단력으로 이어진다.

좋은 리더의 조건 ❷
사람을 매료하는 인간성을 갖추고 있다

아무리 능력이 좋은 사람이라도 일은 혼자서 할 수 없다. 주변 동료들의 도움이 없다면 좋은 결과를 내기 힘들다. 결국 지지해 주는 동료가 있을 때 비로소 리더의 역할이 성립된다.

그렇다면 사람은 어떨 때 '이 사람을 따르고 싶다'라고 느낄까? 아마도 그 사람의 인간성에 매료될 때일 것이다.

일할 때 "수고가 많네요", "팀에 많은 도움을 줘서 고마워요." 같은 격려의 말을 건네는 상사라면 분명 직원들의 일에 대한 의욕을 높여 주고 함께 좋은 성과를 올릴 수 있을 것이다. 또 상사의 열정적인 업무 모습에 팀원들은 '이

분에게 배울 점이 많아', '함께하고 싶은 상사'라고 생각할 것이다.

반대로 "뭐 하는 거야?", "이거 하나 제대로 못해?"라며 부정적인 말만 하는 상사가 있다면 팀원들 마음에 반발심이 생겨 불만을 품게 될 것이다. 설령 아무리 능력이나 실적이 좋다 한들 '이 사람과 함께해야겠다'라는 적극적인 마음이 들지 않을 것이다.

위 예시로도 알 수 있듯 그 사람의 인간성을 여실히 드러내는 것이 말버릇이다. **다른 사람에게 주로 어떤 말을 하는지가 리더의 사람됨을 보여 준다.**

이러한 말버릇(말투)에는 자기긍정감이 많은 영향을 미친다. 자기긍정감이 높으면 긍정적인 말버릇을 사용하고, 자기긍정감이 낮으면 부정적인 말을 많이 사용하게 된다. 즉, 자기긍정감이 높으면 사람을 매료하는 인간성을 갖출 수 있다.

위 두 가지 조건은 모두 자기긍정감이 높지 않으면 불가능하다. **자기긍정감은 리더십에 영향을 준다.** 바꿔 말하면 자기긍정감이 높아지면 자연스럽게 좋은 리더의 조건이 갖춰진다.

다른 사람을 칭찬하면
기회가 되어 돌아온다

 지금까지 자신의 말버릇과 자기긍정감이 다른 사람에게도 영향을 미친다고 이야기하였다. 자기긍정감이 높으면 주변 사람의 자기긍정감도 높아지고, 조직의 분위기를 바꿀 수 있으며, 주변에 사람이 끊이지 않는다. 나아가 좋은 리더가 될 수도 있다.

 '나는 아직 나만 챙기기도 힘든데.'
 '다른 사람까지 신경 쓸 여유가 없어.'

이처럼 생각하는 사람도 있을 것이다. 애초에 사람과 대화하는 것을 힘들어하고 트러블을 싫어해 최대한 사람과의 만남을 피하고 싶다는 사람도 있다.

그러나 이런 생각은 한편으로는 안타깝다. 사람은 누구나 죽을 때까지 타인과 계속 관계를 맺을 수밖에 없기 때문이다. **매일 다른 사람과 말을 해야만 하는데, 타인과의 커뮤니케이션을 피하면서 살아가기란 누구에게도 불가능하다.**

그렇다면 그 시간과 말 모두 자신의 자기긍정감을 상승시킬 선순환의 기회라고 생각하는 것이 맞지 않을까? 다른 사람을 위해 혹은 나 외에 다른 사람까지 신경 쓰라는 것이 아니다. 다만, 자기긍정감과 타인과의 연결성을 생각했을 때 우리 자신에게 좋은 일임을 알려 주고 싶다.

**육아를 통해
칭찬 선수가 돼라**

내담자 중에는 육아 스트레스 때문에 아이에게 자주 화

를 낸다고 고민을 토로하는 부모들이 적지 않다. 혼내는 것이 아이 정서에 좋지 않다는 말 때문에 자기혐오에 빠지거나 위축되는 것이다.

실제 아이들을 양육하다 보면 "하지 마", "안돼", "빨리 숙제해" 같은 수많은 부정어를 사용하게 된다.

그러나 훈육 자체에 그렇게 죄책감을 가질 필요는 없다. 아이의 자발적 사고나 의욕을 저해하는 것은 피해야 하지만, 사회적인 규범이나 위험한 것을 일깨워 주기 위해서는 부모가 가르쳐 주지 않으면 안되는 사항이 참으로 많기 때문이다.

필자는 훈육에 죄책감을 느끼는 것에 집중하기보다 칭찬의 말을 늘려 보라고 조언한다.

예를 들어, 아이가 편식하더라도 "전보다 더 잘 먹네?", "이번엔 이것도 먹었네?"라며 **긍정적인 점을 찾아 칭찬하는 것이다.** "정리 도와줘서 고마워." 등 감사의 말을 아끼지 않으면 배려와 자상함을 알려 줄 수 있다.

칭찬에
서툰 이유

우리가 타인을 칭찬하는 데 서툴다면 평소에 칭찬을 잘 하지 않은 것이 원인일 수 있다. **칭찬은 '습관'이다.** 칭찬의 횟수를 늘리면 늘리는 만큼 익숙해져 결국엔 잘하게 되는 법이다.

전혀 일면식이 없는 사람을 칭찬하는 것보다 자신의 아이를 칭찬하는 게 훨씬 쉽지 않을까? 게다가 아이를 키울 때는 수시로 아이와 커뮤니케이션을 해야 한다. 칭찬할 거리나 타이밍도 얼마든 찾을 수 있다.

아이에 대한 칭찬을 점점 늘리면 우리의 칭찬 레이더가 발달한다. 우리 안에 칭찬의 말이 늘어나는 것이다. 그러면 머지않아 회사 동료나 친구를 대상으로도 칭찬의 기술이 발달하게 된다.

이렇게 주변의 사람들을 칭찬하면 자연스럽게 자신의 잠재의식도 좋은 말의 홍수 속에 살게 된다. 자기긍정감이 높아지면 육아로 지치는 일상도 줄어들 것이다. 부모의 역할은 자기긍정감을 올리는 데 무엇보다 좋은 기회이며, **육아는 칭찬 스킬을 늘리기 아주 좋은 기회이다.**

이왕 이렇게 좋은 역할이 맡겨진 만큼 고민거리에만 집중하지 말고 그 상황 자체를 즐기며 활용하기 위해 노력해보자.

자기긍정감을 높이는
최종 목표는 '자립'

　이 책에서는 말버릇을 중심으로 자기긍정감을 높이는 방법에 관해 살펴보았다. 그런데 애초에 우리가 자기긍정감을 높이려는 이유가 무엇인가? 이 장에서 마지막으로 살펴야 할 것은 자기긍정감 높이기의 '최종 목표'에 관해서이다.

　필자가 생각하는 **자기긍정감을 높이는 최종 목표는 '자립'이다.** 갑자기 자기긍정감과 자립이라니, 의아할 수도 있다. 이 둘의 연결 고리가 무엇인지 순서를 따라 살펴보자.

자립이란
무엇인가?

'자립'이란 어떤 상태를 의미할까? 자립에는 **경제적 자립**과 **정신적 자립**, 두 가지 관점이 존재한다.

경제적으로 자립한 상태라 하면 바로 떠오르는 이미지처럼 스스로 일해서 번 돈으로 생활을 영위해 가는 상태를 말한다.

자기긍정감은 마음의 문제이므로 여기에서 이야기하는 자기긍정감을 높이려는 최종 목표는 '정신적 자립'에 더 가깝다. 그렇다면 정신적 자립이란 어떤 상태를 이야기할까?

정신적 자립이란 '스스로 생각하고 스스로 결정할 수 있는 상태'를 말한다. 자신이 하고 싶은 일이나 살아가고자 하는 방향을 정하고 일이나 업무 처리 방식, 사는 곳 등을 스스로 선택하는 것을 말한다.

친구의 부탁에 그저 생각 없이 좋다고 하는 것이 아니라 자신의 상황이나 스케줄을 고려해 때로는 거절할 줄 아는 것도 '자립'한 상태이다.

한편 큰 성공을 거머쥔 사람이라도 항상 부모나 상사의 조언이 없으면 어느 것 하나 스스로 결정하지 못하는 사람은 정신적으로 자립하지 못한 상태라 할 수 있다.

누군가의 의견에 흔들리거나 휩쓸리지 않고 스스로 생각하고 결정해 이를 행동으로 옮길 수 있어야 정신적으로 자립된 상태이다.

이렇게 **정신적으로 자립하면 사람은 '자유'를 거머쥘 수 있다. 선택권과 결정권을 갖게 되고 실행력을 갖게 된다. 이 이상의 '자유'는 없다.** 이는 하고 싶은 일을 할 수 있는 자유, 살고 싶은 대로 살 수 있는 상태를 의미한다.

그리고 다른 사람에게 휩쓸리지 않는다는 것은 바꿔 말하면 타인의 눈을 의식하지 않는다는 말이기도 하다. 이렇게 있는 그대로의 내 모습으로 살아가는 것도 '자유'의 표현이라 할 수 있다.

반대로 정신적으로 자립하지 못하면 타인으로부터 지배받는 삶을 살게 되고 자유를 빼앗기게 된다.

'부모님이 정해 주신 대로 진로를 선택할 거야.'

'위에서 시키는 일만 하면 돼.'
'다른 사람이 정해 준 성격에 맞춰 사는 게 편해.'
'친구 의견에 그냥 맞추는 게 편해.'

이런 인생은 굴욕스럽고 괴로울 뿐이다. 자신의 인생을 산다는 느낌을 받지 못하면 하루하루 살아가는 보람을 느낄 수 없다.

최근 필자가 주최하는 세미나에 참여하는 연령이 확실히 높아졌다. 자기긍정감 세미나에 온 한 80대 남성에게 세미나에 참가한 이유를 물어보았다.

"은퇴했는데 앞으로 남은 인생도 제힘으로 살고 싶어요. 나이를 먹어서 할 수 없는 일도 많겠지만 마지막까지 스스로 생활을 꾸려 가고 싶네요."

인생의 대선배로부터 이런 말을 듣고 나니, 자립이라는 것은 인생의 종착역까지 풀어야 할 중대한 미션이라는 생각이 든다.

자립은
독립과 다르다

자립을 생각할 때 주의해야 할 점은 자립이 '독립'을 의미하는 것은 아니라는 것이다.

독립은 자신의 힘으로 일어서는 것을 말한다. 나 혼자 힘으로 일을 진척시키거나 누군가의 도움 없이 생활을 꾸려 나가는 것 말이다. 이러한 자세는 진취적이고 훌륭해 보이지만 자칫 고립적일 수 있다. **우리는 사람과의 관계없이 안정감을 느끼기 어렵다.** 혼자서는 절대 불안감을 억누를 수 없고, 혼자 힘으로 살아가다 보면 반드시 한계에 직면하게 된다. 고립 앞에 자유나 인생의 보람은 없다.

앞서 자립이란 다른 사람에게 지배당하지 않는 상태를 말한다고 했는데, 이는 다른 사람에게 절대 의지하면 안된다는 의미는 아니다. 오히려 자신의 힘을 과신하거나 지나치게 무리하지 않고, 다른 사람들과 함께 도우며 살아갈 수 있을 때 비로소 진정한 정신적 자립의 상태에 있다고 할 수 있다.

자립하지 못한 사람은 다른 사람이 곤경에 처했을 때 선뜻 손을 내밀 여유가 없다. 또 자립하지 못한 사람은 다른 사람에게 도움을 받으면 쉽게 그 사람에게 의지하는 경향이 있다.

정토진종 일본의 불교 종파 중 하나의 선구자인 신란은 '타력본원 他力本願'이라는 개념을 설파했다. 이는 자력으로 살려고 하면 안되며, 아미타불의 힘에 기대어 살아가야 한다는 의미이다. 신란은 자력으로 살아가고 자력으로 왕생을 이루고자 함은 자신을 과대평가하는 어리석은 발상이라 했다. 자신의 약함을 인정하고 남의 힘에 의지하는 것이 옳은 길임을 설파한 것이다.

이는 뭐든 자기 혼자 힘으로 해결하려다 마음의 병을 얻는 현대인에게 꼭 필요한 말이다.

자립과 자기긍정감은
깊은 관련이 있다

앞서 **정신적 자립이란 '타인에게 지배당하지 않는 상태'임과 동시에 '다른 사람을 도울 수 있는 상태'라 정의했다.**

자기긍정감은 자존감, 자기수용감, 자기효용감, 자기신뢰감, 자기결정감, 자기유용감 등 여섯 가지 요소를 바탕으로 성립한다.

다른 사람에게 지배당하지 않는 상태는 자기 능력이나 가능성을 믿는 '자기효용감'이나 '자기신뢰감', 자신의 인생을 스스로 결정할 수 있는 '자기결정감'을 가지고 살아갈 때 이룰 수 있다. 또 뭐든 혼자 해결하려고 하지 않고 다른 사람에게 도움을 구하는 것은 나의 부족한 점을 인정하는 '자기수용감'이 있을 때 비로소 가능하다.

반대로 누군가를 돕는 것은 자신은 누군가에게 도움이 되는 사람이라는 '자기유용감'을 높이고, 자신이 가치 있는 사람이라는 인간 근원의 '자존감'을 높이는 길이기도 하다.

이렇게 생각해보면 정신적 자립과 자기긍정감을 지탱하

는 여섯 가지 요소는 깊은 관련이 있음을 알 수 있다.

우리는 있는 그대로의 나로 살아가기를 소망한다. 이상적인 내가 되고 싶고, 내가 원하는 방식으로 살아가기를 원한다. 앞서 말한 80대 남성처럼 **인생의 막바지에도 내 인생의 방향키를 쥐고 있기를 원한다.** 그리고 이는 자기긍정감을 높여 정신적 자립을 이룸으로써 가능하다.

자기긍정감을 높여 정신적 자립을 이루게 되면, 우리는 보람과 행복이 가득한 최고의 인생을 보낼 수 있게 된다.

끝맺으며

이제 당신은 행복의 출발선에 서 있다!

 이 책을 통해 **말버릇을 바꾸는 것만으로 자기긍정감이 올라가고 행복해질 수 있다**고 말해 왔다. 자기긍정감이란 무엇인지 이해하고, 스스로 자기긍정감의 상태를 점검해 자기긍정감을 높이는 방법을 배웠다.

 지금 여러분은 자기긍정감을 회복하기 위한 출발선에 서 있다. 그러나 아직도 '말버릇만으로 정말 자기긍정감을 바꿀 수 있을까?', '말버릇으로 나의 부정적인 사고가 바뀔 리 없어'라며 한 발도 떼지 못하는 사람도 있을 것이다. 실제로 상담을 받으러 온 사람 중에 이렇게 행동으로 옮기길 주저하는 사람이 적지 않다.

그렇지만 이러한 망설임은 지금 당장 버리길 바란다. 의구심이 있어도, 완전히 납득되지 않아도 괜찮다. 일단은 좋은 말버릇을 사용해보자. 왜냐하면 좋은 말버릇을 사용하면 확실히 변화가 일어나기 때문이다. 지금까지 1만 5,000명 이상을 상담해 온 필자는 그 효과를 누구보다 강하게 느낀다. **이 책의 마지막 메시지로 '일단 해보기'의 중요성을 전하고자 한다.**

'효과가 있다'고 믿어 보기

여러분도 '일단 해보자'라며 무언가를 무턱대고 실천해본 경험이 있을 것이다. 예를 들어 '요구르트를 매일 먹으면 면역력이 올라가 감기에 걸리지 않는다고 해서 실천해 봤다.' 혹은 '낫토를 먹으면 변비 예방에 좋다', '블루베리가 눈에 좋다' 등의 이야기를 듣고 한번쯤 따라서 해보았을 것이다.

이때 요구르트가 몸속에서 어떤 작용을 해서 어떻게 면역력을 올리는 역할을 하는지 그 메커니즘까지는 확실히 이해하려고 하지는 않았을 것이다. 그 작용 방식은 제쳐두고 일단 좋다니까 먹어 볼 것이다. 그리고 시간이 지나 머릿속에서 지워질 때쯤 '그러고 보니 최근에 감기에 잘 안 걸리는 것 같네. 매일 요구르트를 먹어서 그런가?'라며 효과를 실감하곤 한다. 물론 체질에 맞지 않거나 극적인 효과를 느끼지 못하는 경우도 있을 것이다. 그렇더라도 '요구르트는 먹지 않는 건데'라며 후회하는 사람은 없을 것이다.

자기긍정감에서의 '말버릇'도 요구르트와 마찬가지이다. **근거도 논리도 모르지만 일단 좋다니까 무작정 좋은 말버릇을 사용해보자.** '감사의 말을 매일 하면 자기긍정감이 올라간다'는 말을 믿고 실천해보는 것이다.

지속적으로 하다 보면 반드시 자신도 모르는 새에 자기긍정감이 올라간 것을 실감하는 날이 올 것이다. 다른 사람을 부러워하거나 기분이 축 처지는 일이 현저히 줄어들고, 매사 긍정적인 면을 찾게 되고, 도전에 주저함 없이 적극적으로 변할 것이다. 주변 사람들에게 "뭔가 최근에 표정이 밝네."라는 소리를 들을지도 모른다.

물론 '감사의 인사 따위 안 하는 게 나았어' 혹은 '이 말

버릇은 안 쓰는 게 좋았어'라며 후회하는 일도 없을 것이다. 뇌와 마음에 좋은 일을 하는 것이므로 부작용 걱정은 넣어 두어도 좋다.

또한 '말버릇'은 요구르트와 달리 슈퍼에 사러 갈 필요도 없으며 돈도 들지 않는다. 따로 시간을 할애할 필요도 없고 어디서든 맘껏 섭취할 수 있다. 지금 당장이라도 손해 볼 것 없으니 시도해볼 수 있는 좋은 방법이다.

일단 말로 시작해보자. 그것만으로도 인생이 좋은 방향으로 변한다면 이렇게 좋은 일이 또 있을까?

먼저 "감사합니다" 이 한마디부터 시작하면 여러분의 인생에 분명 변화가 찾아올 것이다. 다른 사람과 비교하지 않고 자신의 기준에 따라 자유롭게 살 수 있는 인생으로. 실패나 스트레스를 극복하고 도전을 즐기며 성공을 손에 쥐는 인생으로. 내가 좋아하는 대로, 항상 행복하게 살 수 있는 인생으로.

이런 최고의 인생이 여러분을 기다리고 있다.

Just Do It! 자, 오늘부터 말버릇을 바꿔 보자.

나카시마 데루

결국 잘되는 사람의 말버릇

초판 1쇄 인쇄 2024년 5월 24일
초판 1쇄 발행 2024년 5월 31일

지은이 나카시마 데루
옮긴이 한주희

펴낸이 허혜영
펴낸곳 앤에이북스
출판등록 2018년 2월 2일 제2018-000081호
주소 서울시 성북구 보문로 94 화성빌딩 2층 203호
전화번호 02-2039-3300
팩스 02-6442-9070
http://blog.naver.com/andabooks
andabooks@naver.com

ISBN 979-11-984959-1-4 (03190)

책값은 뒤표지에 있습니다.
잘못된 책은 구입하신 곳에서 바꿔 드립니다.